Sandra Bejach

Servietten falten

Sandra Bejach

Servietten falten

EDITION XXL

Vorwort

Es gibt die verschiedensten Anlässe um Feste zu feiern. Da sind zum einen die traditionellen Feste oder Familienfeste, wie zum Beispiel die Taufe, die Hochzeit oder das Jubiläum. Zum anderen feiern wir Feste zu jahreszeitlichen Anlässen, wie Weihnachten, Ostern oder Erntedank. Oft wollen wir aber auch nur einfach mit unseren Freunden gemütlich zusammen sein.

Bei einer Einladung, egal zu welchem Anlaß, möchten wir gerne eine gemütliche und angenehme Atmosphäre schaffen. Dazu stehen einem die verschiedensten Möglichkeiten der Tischdekoration zur Verfügung. In diesem Buch möchte ich besonders auf das Gestalten von Servietten eingehen.
Man kann ein Essen nicht nur zu einem Gaumenschmaus, sondern auch zu einem Augenschmaus werden lassen, indem man aus ganz einfachen und unscheinbaren Servietten kleine Kunstwerke faltet.
Ein solch dekoratives wie ebenso zweckmäßiges Accessoire wird bestimmt jeden Ihrer Gäste erfreuen.

Dieses Buch soll Ihnen einerseits Anleitungen geben, um die gezeigten Vorschläge nachzumachen. Andererseits möchte ich Ihnen mit diesem Buch Anstöße geben, diese Vorschläge beliebig abzuwandeln und Ihre eigene Kreativität und Phantasie sowie Ihren Ideenreichtum einzusetzen, um jede Einladung für Sie und Ihre Gäste zu einem unvergeßlichen Ereignis werden zu lassen.

Inhalt

Bevor Sie nun beginnen, sollten Sie sich einige Gedanken zu Ihrem Arbeitsmaterial machen.
Servietten gibt es in verschiedenen Größen, Farben, Mustern und Materialien.

Zur Größe ist zu sagen, daß sich viele Motive mit großen Servietten leichter falten lassen, als mit kleinen. Manche Formen wirken auch besser, wenn sie größer sind.

Die Farbe bzw. das Muster ist natürlich von Ihrem eigenen Geschmack und dem jeweiligen Anlaß abhängig. Es ist auch klar, daß sie mit der restlichen Tischdekoration harmoniert. Wenn Sie wollen, daß alles perfekt zueinander paßt, können Sie sich auch Stoff kaufen und Tischdecken und Servietten selber nähen.

Zum Material gibt es Folgendes zu sagen. Am effektvollsten sind die aus Stoff.
Ein guter Ersatz für Stoffservietten sind welche aus Vlies. Sie sind groß, lassen sich gut falten und sind stabil.

Aber auch aus einer einfachen Papierserviette kann man ein kleines Kunstwerk machen.

Allgemein gilt, daß die Serviette vor dem Falten gut gebügelt werden muß. Auch oder gerade eine Papier- oder Vliesserviette kann man bei schwacher Hitze glätten, denn bei manchen Modellen stören die vorhandenen Knicke.
Um beim Falten den gewünschten Effekt zu erzielen, sollten Sie jeden Knick gut pressen, am besten mit dem Bügeleisen. Gegebenenfalls können Sie die Serviette auch vorher stärken.

Wenn Sie Ihre Wahl getroffen haben, können Sie mit dem Falten beginnen. Zum leichteren Nachvollziehen der Vorgehensweise stehen Ihnen für jedes Serviettenmodell Schritt-für-Schritt-Anleitungen zur Verfügung.

Lassen Sie sich aber nicht entmutigen, wenn das Falten der Serviette nicht immer gleich gelingt. Oft brauchen Sie nur etwas Übung und der Erfolg wird sich einstellen.

Vielleicht liegt es auch an der Serviette, daß es nicht so richtig klappt, denn gerade Stoffservietten sind nicht immer exakt quadratisch. Oder der Stoff ist nicht so gut für das von Ihnen gewählte Modell geeignet. Beachten Sie, daß für stehende Formen Baumwolle oder Leinen am besten ist und synthetische Stoffe besser für liegende Modelle genommen werden.

Nun wünsche ich Ihnen viel Spaß und ein gutes Gelingen.

Klassische Servietten für grosse Anlässe

Die Mitra

1. Falten Sie die Serviette zu einem Dreieck, und drehen Sie sie so, daß die lange Seite zu Ihnen zeigt.

2. Klappen Sie die beiden unteren Spitzen auf die obere.

3. Falten Sie diese Spitzen nun auf die untere Spitze.

4. Klappen Sie die obere Spitze zur Mitte nach unten.

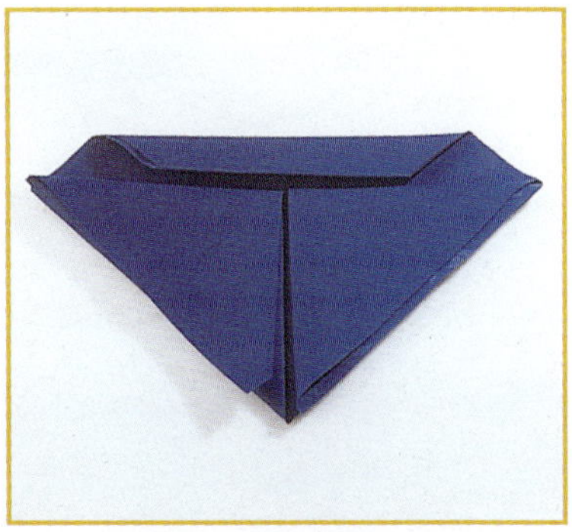

5. Falten Sie die obere Kante der Serviette zur Mitte.

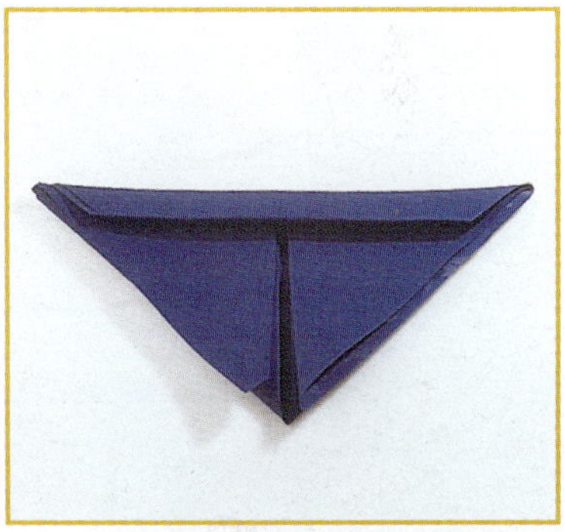

6. Klappen Sie diesen Teil über die Mitte nach unten.

7. Wenden Sie die Serviette und stecken Sie die beiden oberen Spitzen ineinander.

8. Stellen Sie die Serviette auf, ziehen Sie die beiden Spitzen der oberen Stoffschicht nach unten und Ihre Mitra ist fertig.

Die Röllchen

1. Falten Sie den unteren Teil der Serviette zu einem Drittel nach oben.

2. Dann klappen Sie den oberen Teil zu einem Drittel nach unten.

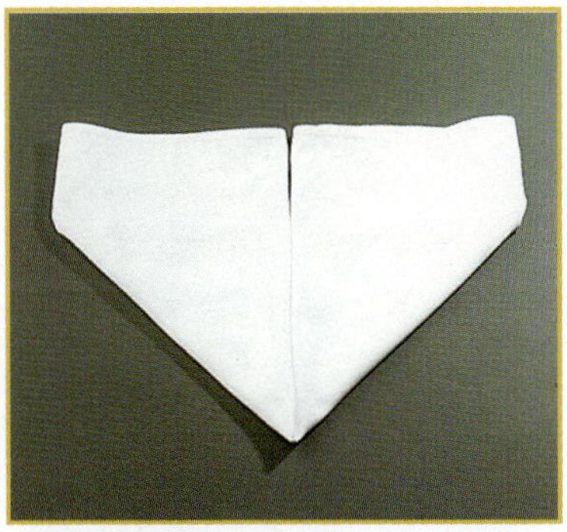

3. Klappen Sie beide Seiten nach oben.

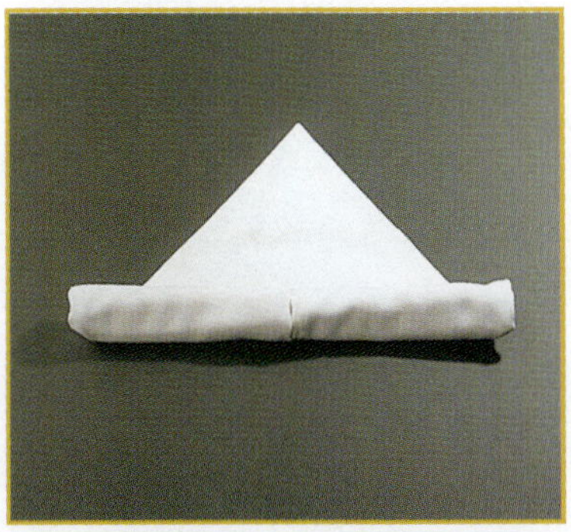

4. Wenden und drehen Sie die Serviette; rollen Sie dann die unteren Enden ein.

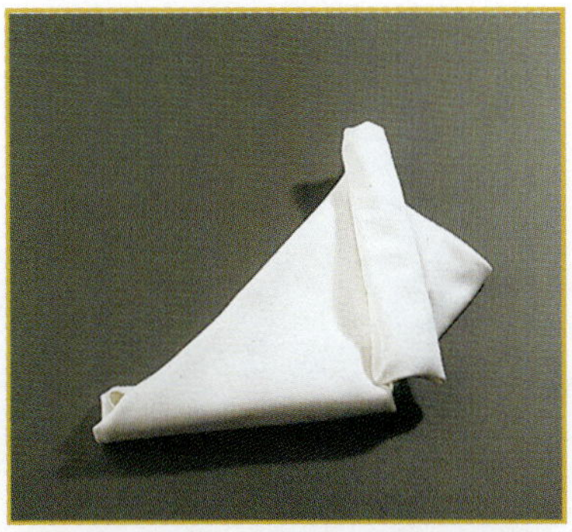

5. Wenden Sie die Serviette erneut und klappen Sie das rechte Röllchen zur Mitte.

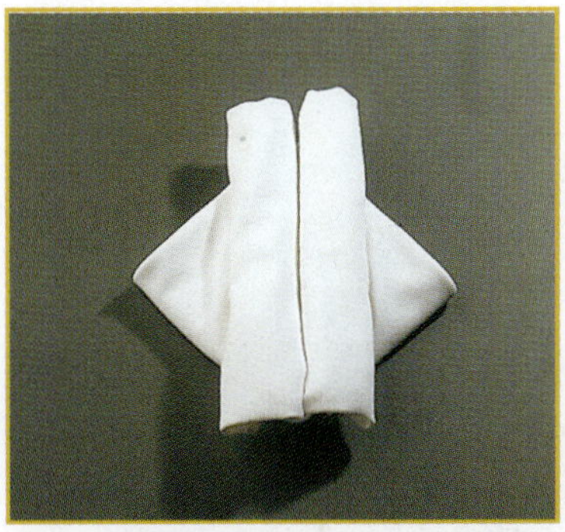

6. Falten Sie nun noch das linke Röllchen nach oben und die Serviette ist fertig.

Der Palmenwedel

***1.** Falten Sie die Serviette zur Hälfte nach oben und klappen Sie die beiden oberen Ecken der oben liegenden Stoffschicht zur Mitte nach unten.*

***2.** Wenden Sie die Serviette und falten Sie die obere Schicht zur Hälfte nach unten.*

***3.** Ziehen Sie die beiden unteren Ecken der oberen Stoffschicht von der Mitte aus schräg nach oben.*

***4.** Falten Sie von der linken Seite aus eine Ziehharmonika.*

***5.** Wiederholen Sie Schritt 4 von der rechten Seite ausgehend.*

***6.** Fächern Sie die Serviette auf, binden Sie das untere Ende mit einer Kordel zusammen und Ihr Palmenwedel ist fertig.*

Der Halbstern

1. *Falten Sie die Serviette zur Hälfte nach unten.*

2. *Klappen Sie sie dann noch mal nach unten.*

3. *Legen Sie nun eine Ziehharmonika mit sechs Falten.*

4. *Nehmen Sie die Serviette in die Hand und ziehen Sie auf beiden Seiten aus jeder Falte die innen liegende Ecke nach unten.*

5. *Zum Schluß fächern Sie die Serviette auf und Ihr Halbstern ist fertig.*

Das Hemd

1. Falten Sie den oberen Teil der Serviette zu einem Drittel nach unten; dann zur Hälfte wieder zurück.

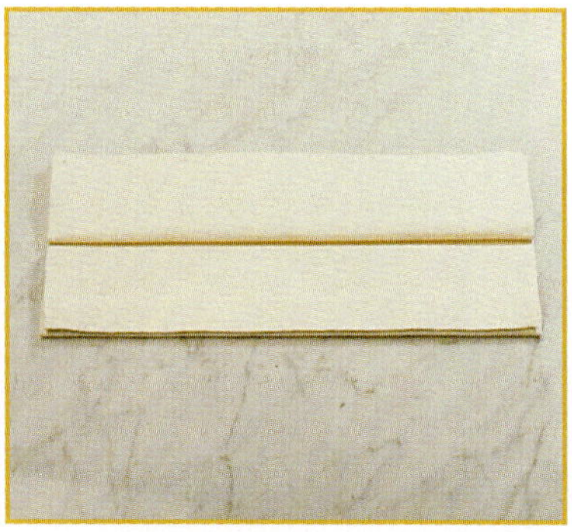

2. Wiederholen Sie Schritt 1 mit dem unteren Teil.

3. Drehen Sie die Serviette und falten Sie oben einen kleinen Rand.

4. Wenden Sie die Serviette und falten Sie die oberen Ecken schräg zur Mitte nach unten.

5. Klappen Sie den unteren Teil zu etwa einem Drittel nach oben.

6. Falten Sie diesen Teil erneut nach oben und schieben Sie ihn unter die Kragenspitzen.

7. Versehen Sie das Ganze noch mit einer kleinen Krawatte oder Fliege und Ihr Hemd ist fertig.

Sydney

1. Falten Sie die Serviette zur Hälfte nach rechts und dann noch mal zur Hälfte nach unten.

2. Nehmen Sie nun die oberen drei Stoffschichten der rechten unteren Ecke und falten Sie sie zur linken oberen. Es entsteht eine Tüte.

3. Heben Sie die Mitte der Tüte an und klappen Sie die Serviette nach unten um.

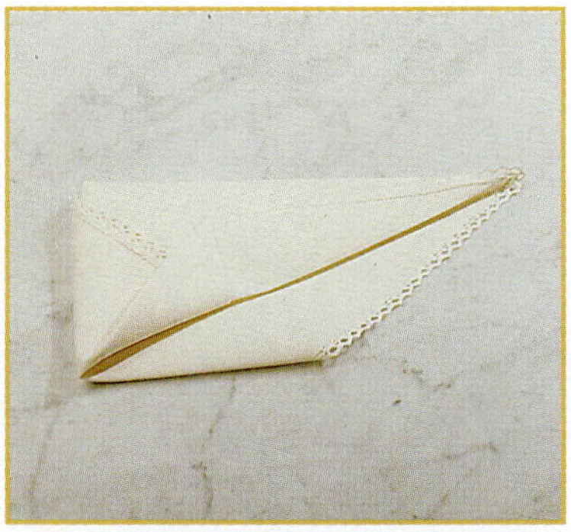

4. Nehmen Sie nun die untere Ecke und klappen Sie sie schräg nach oben.

5. Wenden Sie die Serviette und wiederholen Sie Schritt 4.

6. Ziehen Sie die obere Stoffschicht vorsichtig nach oben rechts.
Die Serviette stellt sich auf.

7. Stellen Sie die Serviette hin, zupfen Sie die drei vorderen Zipfel nach unten und die Serviette ist fertig.

Der Fächer

1. Falten Sie die Serviette zur Hälfte nach rechts.

2. Falten Sie die untere Hälfte zur Ziehharmonika.

3. Wenden Sie die Serviette und falten Sie sie zur Hälfte nach rechts.

4. Nehmen Sie nun die rechte obere Ecke und falten Sie sie nach links unten.

5. Klappen Sie den linken Teil nach hinten um und stellen Sie Ihren Fächer auf.

Die Turteltaube

1. Falten Sie die Serviette zur Hälfte nach unten und klappen Sie die rechte obere Ecke zur Mitte nach unten.

2. Wenden Sie die Serviette und falten Sie erneut die rechte obere Ecke zur Mitte nach unten.

3. Fassen Sie in das Dreieck und klappen Sie die Serviette zu einem Quadrat um.

4. Falten Sie die geöffneten Kanten der oberen Stoffschichten zur Mittellinie.

5. Ziehen Sie die untere Spitze nach oben und klappen Sie die oberen Kanten an der zuvor gefalteten Hilfslinie nach innen.

6. Wenden Sie die Serviette und wiederholen Sie die Schritte 4 und 5.

7. Falten Sie nun die oberen Stoffschichten zur Hälfte nach rechts, wenden Sie die Serviette und wiederholen Sie dasselbe.

8. Legen Sie die untere Spitze der oberen Stoffschichten zu einer strahlenförmigen Ziehharmonika, dasselbe spiegelverkehrt auf der anderen Seite.

9. Klappen Sie die rechte obere Ecke nach innen ein und Ihre Turteltaube ist fertig.

Die Rosenknospe

1. Falten Sie den oberen Teil der Serviette zu einem Drittel nach unten.

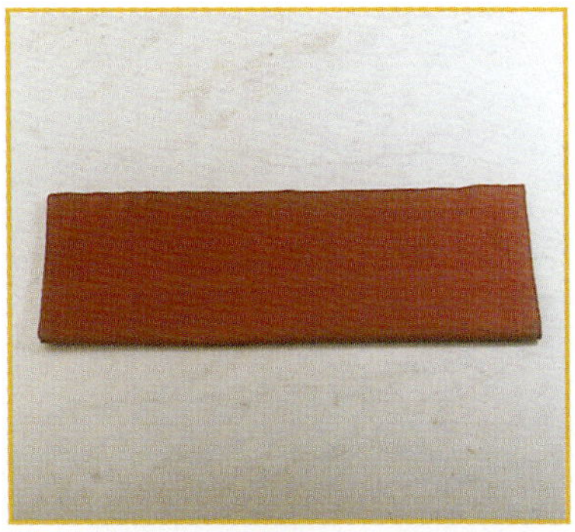

2. Dann klappen Sie den unteren Teil zu einem Drittel nach oben.

3. Falten Sie beide Seiten zur Mitte.

4. Klappen Sie die beiden oberen Ecken zur Mitte nach unten.

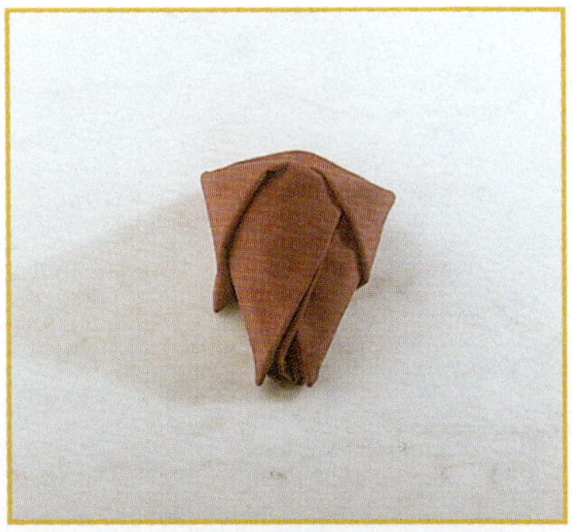

5. Stecken Sie die beiden unteren Ecken auf der Rückseite der Serviette ineinander.

6. Stellen Sie nun die Serviette auf, zupfen Sie die äußeren Blütenblätter nach unten und Ihre Rosenknospe ist fertig.

Tip:

Den Storch können Sie ganz einfach aus Styroporkugeln, Pfeifenputzern und Federn basteln. Den Schnabel schneiden Sie aus Tonpapier aus und kleben ihn mit Bastelkleber auf. Nester gibt es fertig in Bastelgeschäften zu kaufen.

Der Tannenbaum

1. ***Falten Sie die Serviette zur Hälfte nach unten.***

2. ***Legen Sie die linke untere Ecke auf die rechte untere und formen Sie das entstandene Dreieck aus.***

3. ***Falten Sie diesen Teil zurück; achten Sie darauf, daß das Dreieck nach innen klappt.***

4. ***Legen Sie nun die rechte untere Ecke auf die linke Spitze.***

5. ***Falten Sie die rechte Spitze nach links.***

6. ***Stellen Sie die Serviette auf und Ihr Tannenbaum ist fertig.***

Der Weihnachtsfächer

1. Falten Sie die Serviette zur Hälfte nach rechts.

2. Klappen Sie die beiden oberen Ecken zur Mitte nach unten.

3. Falten Sie die entstandene Spitze ebenfalls nach unten.

4. Wenden Sie die Serviette und klappen Sie die oberen Ecken zur Mitte nach unten.

5. Wenden Sie die Serviette erneut und falten Sie nun noch die untere Hälfte der Serviette zur Ziehharmonika.

Das Täschchen

1. ***Falten Sie die Serviette zur Hälfte nach rechts und zur Hälfte nach unten.***

2. ***Nehmen Sie die rechte untere Ecke der obersten Stoffschicht und falten Sie sie bis auf etwa 1 cm auf die linke obere Ecke.***

3. ***Wiederholen Sie Schritt 2 mit den nächsten zwei Stoffschichten und Ihr Täschchen ist fertig.***

Die Bestecktasche

1. *Falten Sie die Serviette zur Hälfte nach oben und zur Hälfte nach rechts.*

2. *Klappen Sie die obere rechte Ecke der oberen Stoffschicht drei mal nach links unten um.*

3. *Stecken Sie nun die zweite Stoffschicht zur Hälfte unter die erste und falten Sie die rechte und die linke Seite ein Stück nach hinten um.*

Die Tüte

1. *Falten Sie die Serviette zur Hälfte nach oben und zur Hälfte nach rechts.*

2. *Klappen Sie die obere rechte Ecke der oberen Stoffschicht drei mal nach links unten um.*

3. *Wenden Sie die Serviette, falten die untere und die rechte Kante schräg zur Mitte und Ihre Tüte ist fertig.*

Der Seestern

1. Falten Sie die Serviette zur Hälfte nach unten.

2. Legen Sie die linke untere Ecke auf die rechte untere und formen Sie das entstandene Dreieck aus.

3. Wenden Sie die Serviette, wiederholen Sie Schritt 2 und stellen Sie Ihren Seestern auf.

Der Fisch

1. Falten Sie am oberen Ende der Serviette einen kleinen Rand nach hinten und klappen Sie sie zur Hälfte nach links.

2. Halbieren Sie die Serviette dann noch einmal. Drehen Sie die Serviette anschließend.

3. Nehmen Sie nun zwei Stoffschichten der rechten oberen Ecke und legen Sie sie auf die linke obere. Es entsteht eine Tüte.

4. Falten Sie diesen Teil wieder zurück; achten Sie darauf, daß die Tüte nach innen klappt.

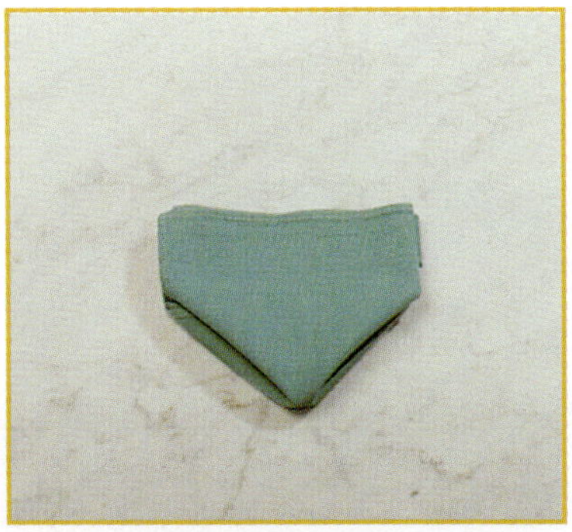

5. Wenden Sie die Serviette und wiederholen Sie die Schritte 3 und 4.

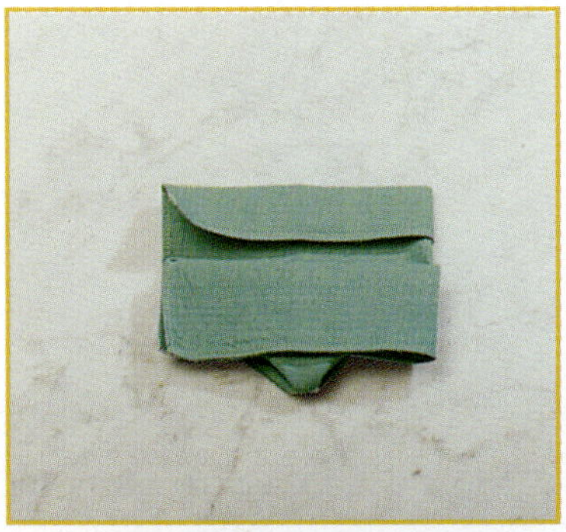

6. Klappen Sie die oberen Stoffschichten nach unten.

7. Falten Sie die beiden oberen Ecken zur Mitte nach unten, ebenso die mittleren beiden Ecken.

8. Wenden Sie die Serviette und Ihr Fisch ist fertig.

Die Seerose

1. *Falten Sie die vier Ecken der Serviette zur Mitte.*

2. *Klappen Sie erneut die vier Ecken zur Mitte.*

3. *Wenden Sie die Serviette und falten Sie die vier Ecken noch mal zur Mitte.*

4. *Halten Sie die Serviette in der Mitte fest und ziehen Sie die vier Zipfel von der Unterseite heraus.*

5. *Zuletzt ziehen Sie noch die übrigen Zipfel heraus und Ihre Seerose ist fertig.*

Tip:

Sie können die Seerose auch mit Blüten oder Früchten der Saison dekorieren.

Die Tulpe

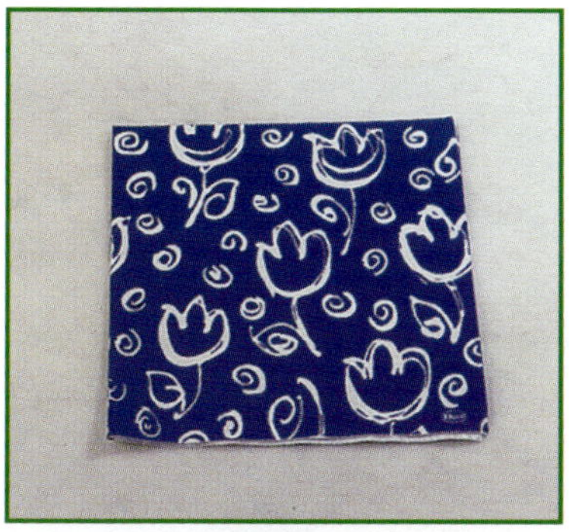

1. *Für den Blütenkopf falten Sie die Serviette zur Hälfte nach rechts und zur Hälfte nach unten.*

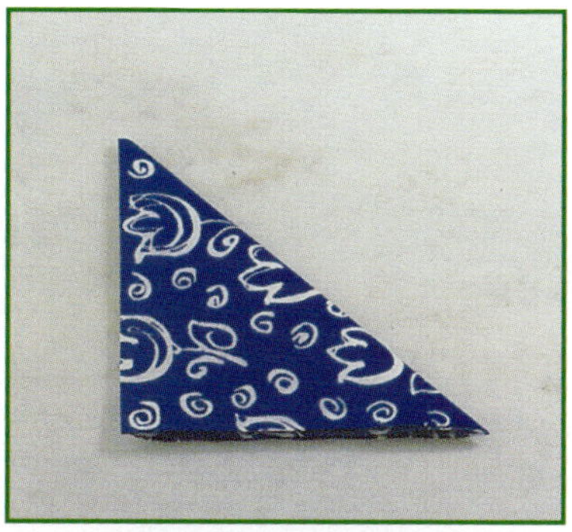

2. *Klappen Sie die rechte obere Ecke auf die linke untere.*

3. *Drehen Sie die Serviette, so daß die lange Seite zu Ihnen zeigt und falten Sie die beiden unteren Spitzen schräg nach oben.*

4. *Für den Stengel falten Sie die Serviette zu einem Dreieck.*

5. *Klappen Sie die linke Spitze auf die rechte.*

6. *Falten Sie die untere Kante schräg zur Mitte nach oben.*

7. *Klappen Sie den unteren Teil noch einmal nach oben und Ihr Stengel ist fertig.*

Das Hühnchen

***1.** Falten Sie die Serviette zur Hälfte nach unten.*

***2.** Klappen Sie die linke obere Ecke nach unten und die rechte untere Ecke nach oben zur Mitte.*

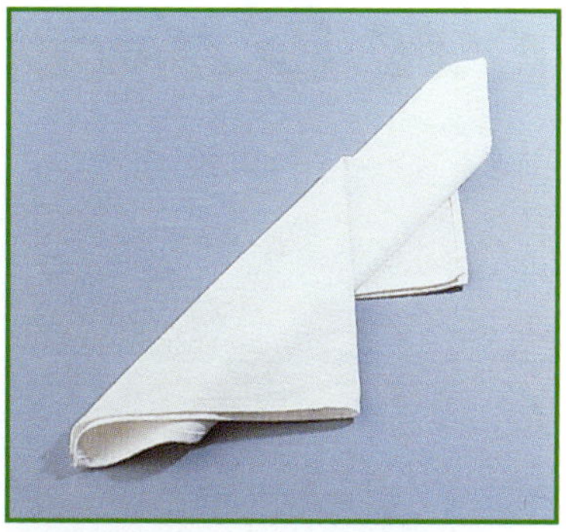

***3.** Falten Sie die Serviette zur Hälfte nach hinten und ziehen Sie die Spitzen heraus.*

***4.** Stecken Sie die rechte obere Ecke unter das Dreieck.*

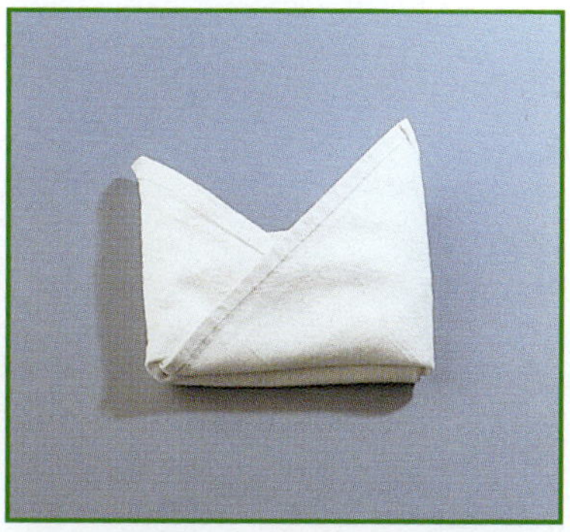

***5.** Wenden Sie die Serviette und wiederholen Sie Schritt 4.*

***6.** Formen Sie den Schnabel und die Schwanzfedern und Ihr Hühnchen ist fertig.*

Das Osternest

1. ***Falten Sie alle vier Ecken zur Mitte.***

2. ***Wenden Sie die Serviette und klappen Sie erneut alle Ecken zur Mitte.***

3. ***Wenden Sie die Serviette noch mal, ziehen Sie die Mitte vorsichtig nach oben und klappen Sie die inneren Ecken nach außen, so daß sich das Osternest aufstellt.***

Die Sonnenblume

1. Falten Sie die Serviette diagonal zur Ziehharmonika.

2. Wiederholen Sie Schritt 1 mit einer zweiten Serviette und raffen Sie diese in der Mitte zusammen.

3. Binden Sie die Servietten mit farbigem Naturbast zusammen und zupfen Sie die Blume zurecht.

Der Schmetterling

1. *Falten Sie die Serviette zu einem Dreieck, so daß die lange Seite oben liegt.*

2. *Klappen Sie die beiden oberen Spitzen auf die untere.*

3. *Wenden sie die Serviette und falten Sie die untere Spitze auf die obere.*

4. *Wenden Sie die Serviette erneut und klappen Sie die obere Spitze der oberen Stoffschichten nach unten, so daß sie etwas über die untere Kante ragt.*

5. *Drehen Sie die Serviette um und Ihr Schmetterling ist fertig.*

Die Strelizie

1. Falten Sie die Serviette zur Hälfte nach unten und zur Hälfte nach rechts.

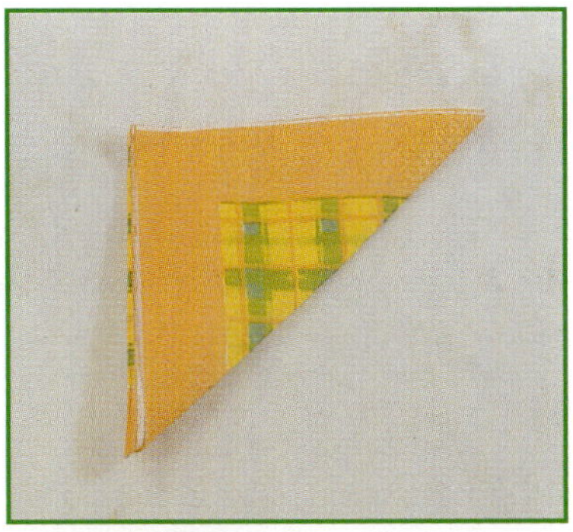

2. Klappen Sie die untere rechte Ecke auf die linke obere.

3. Drehen Sie das Dreieck und klappen Sie die beiden unteren Spitzen nach unten zur Mitte.

4. Wenden Sie die Serviette und falten Sie die unteren Spitzen nach oben.

5. Klappen Sie die Serviette zur Hälfte nach rechts.

6. Stellen Sie die Strelizie auf und ziehen Sie die einzelnen Zipfel nach oben.

Das Windrad

1. *Falten Sie die vier Ecken zur Mitte.*

2. *Klappen Sie erneut die vier Ecken zur Mitte.*

3. *Formen Sie die Flügel des Windrades indem Sie die unten liegenden Zipfel herausziehen und nach rechts klappen.*

Der Drachen

1. ***Falten Sie die Serviette zur Hälfte nach oben und zur Hälfte nach links.***

2. ***Klappen Sie die untere Kante schräg zur Mitte nach oben und die rechte Kante schräg zur Mitte nach unten.***

3. ***Wenden Sie die Serviette und Ihr Drachen ist fertig.***

Die Zierkürbisse

1. Legen Sie die Serviette mit der rechten Seite nach oben vor sich hin.

2. Falten Sie die Serviette zur Hälfte nach unten und zur Hälfte nach rechts.

3. Klappen Sie die oberen drei Stoffschichten der rechte untere Ecke auf die linke obere Ecke.

4. Nehmen Sie die oberen zwei Stoffschichten der linken oberen Ecke und falten Sie sie zu zwei Dritteln wieder zurück.

5. Klappen Sie nun noch die Ecke dieser beiden Stoffschichten zu einem Drittel nach hinten und die Serviette ist fertig.

Das Bratapfelessen

1. *Sie benötigen einen Holzapfel den Sie beschriften, eine Schleife und einen Apfel.*

2. *Binden Sie das Namensschild mit einer Schleife an den Apfel.*

Rezept

Zutaten für 4 Personen:
4 säuerliche Äpfel
50g Rumrosinen
je 15g Zitronat und Orangeat
50g gemahlene Nüsse
30g gehackte Cocktailkirschen
etwas Zucker, geriebene Orangenschale und Rum

Vermischen Sie alle Zutaten gut und füllen Sie die Masse in die ausgestochenen Äpfel. Streuen Sie Butterflocken darüber und backen Sie die Äpfel bei 175° ca. 30 Minuten.

Der zweifache Tannenbaum

1. *Falten Sie die Serviette zur Hälfte nach unten.*

2. *Klappen Sie die beiden oberen Ecken zur Mitte nach unten.*

3. *Falten Sie die Serviette zusammen, stellen Sie sie auf und bringen Sie den Tannenbaum in Form.*

Der Nikolausstiefel

1. Falten Sie alle vier Ecken der Serviette zur Mitte.

2. Wenden Sie die Serviette und falten Sie erneut alle Ecken zur Mitte.

3. Wenden Sie die Serviette und klappen Sie ein letztes Mal die Ecken zur Mitte.

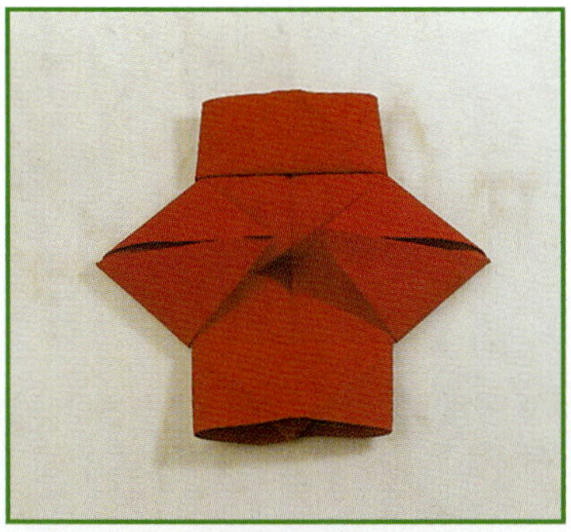

4. Drehen Sie die Serviette nun noch einmal und ziehen Sie die untere und obere innen liegende Ecke nach außen.

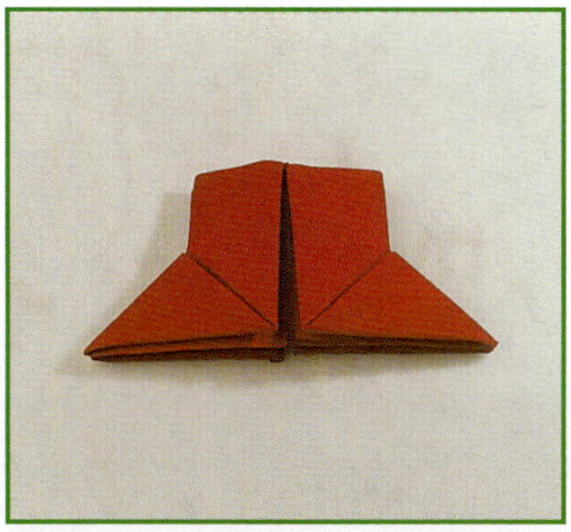

5. Falten Sie die Serviette zur Hälfte nach oben.

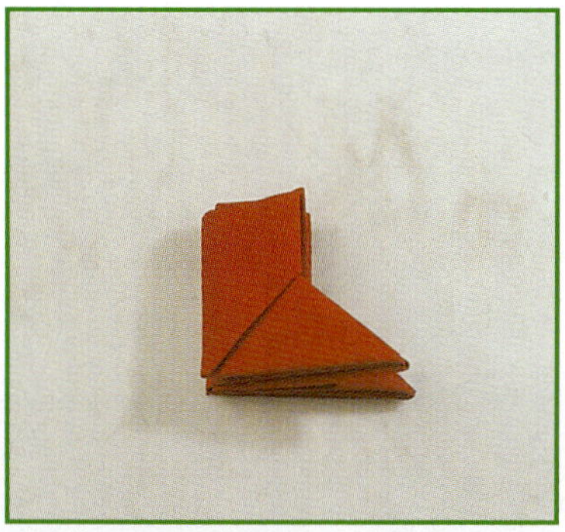

6. Klappen Sie die Serviette nun noch zur Hälfte nach rechts und Ihr Nikolausstiefel ist fertig.

Die Kerze

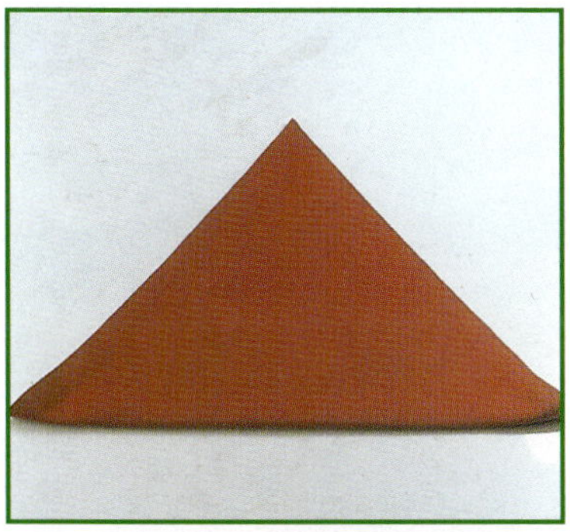

1. *Falten Sie die Serviette zu einem Dreieck.*

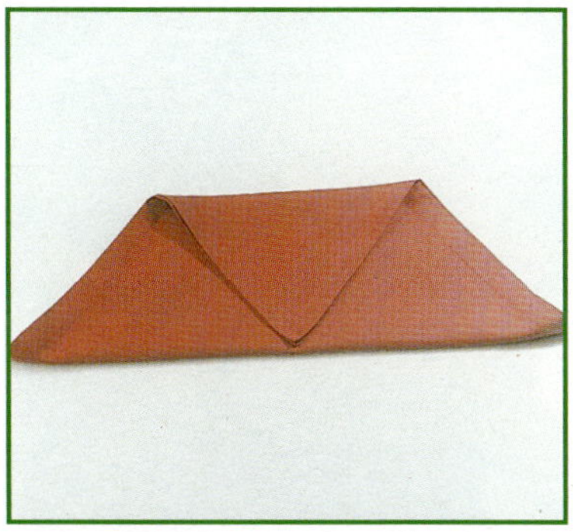

2. *Klappen Sie die obere Spitze nach unten.*

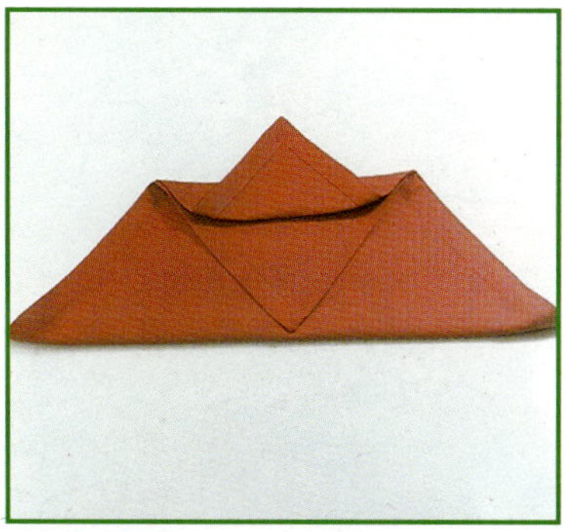

3. *Falten Sie von dieser Spitze die obere Stoffschicht zu zwei Drittel nach oben.*

4. *Drehen Sie die Spitze ein.*

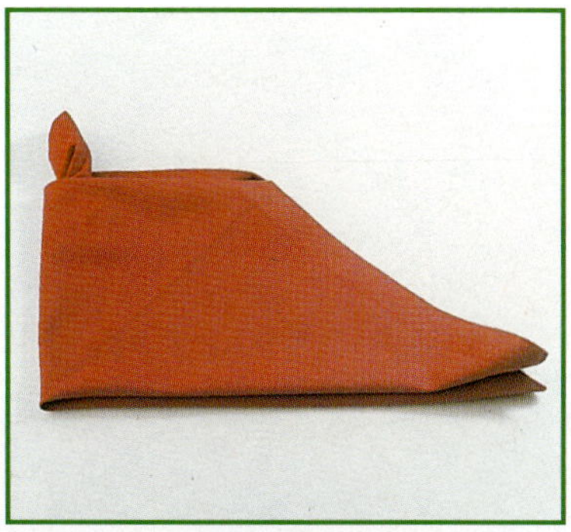

5. *Klappen Sie den linken Teil auf den rechten.*

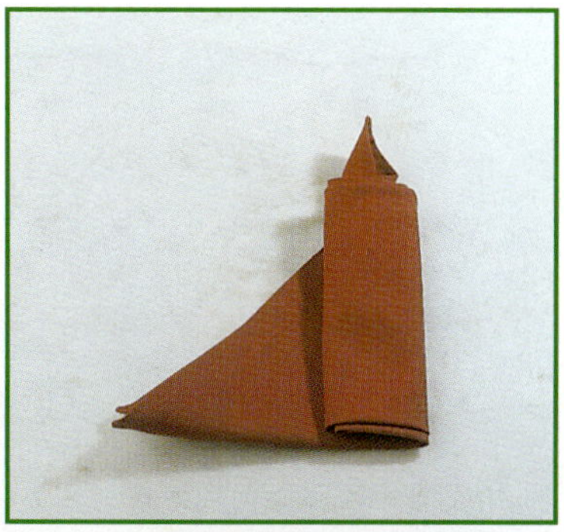

6. *Rollen Sie die Serviette von der Flamme aus großzügig ein und Ihre Kerze ist fertig.*

Tip:

Sie können die Kerze auch hinstellen; dazu müssen Sie sie nur enger rollen.

Das Geburtstagspäckchen

1. Falten Sie die Serviette zur Hälfte nach unten und zur Hälfte nach links.

2. Wiederholen Sie Schritt 1.

3. Binden Sie nun noch eine Schleife um die Serviette und Ihr Päckchen ist fertig.

Das Bärchen

1. *Sie benötigen Tonpapier, eine Schleife, einen Lutscher oder ein Ferrero Rocher und Kulleraugen.*

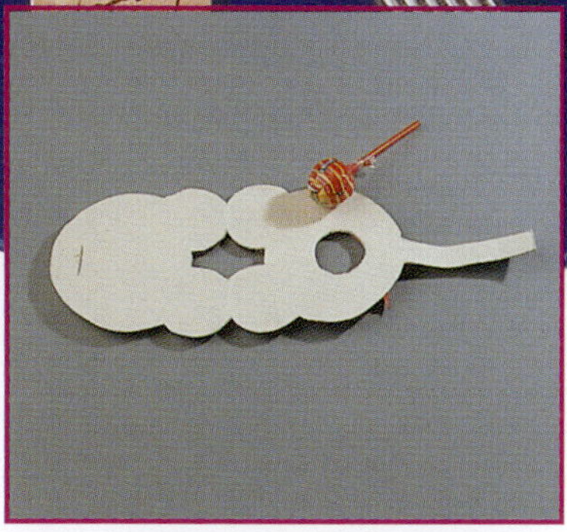

2. *Stellen Sie anhand der Schablone (siehe Seite 126) das Bärchen her.*

3. *Stellen Sie das Bärchen auf, kleben Sie es an der Unterseite zusammen und ergänzen Sie das Gesicht.*

Das Schiffchen

1. Falten Sie die Serviette zur Hälfte nach rechts und zur Hälfte nach unten.

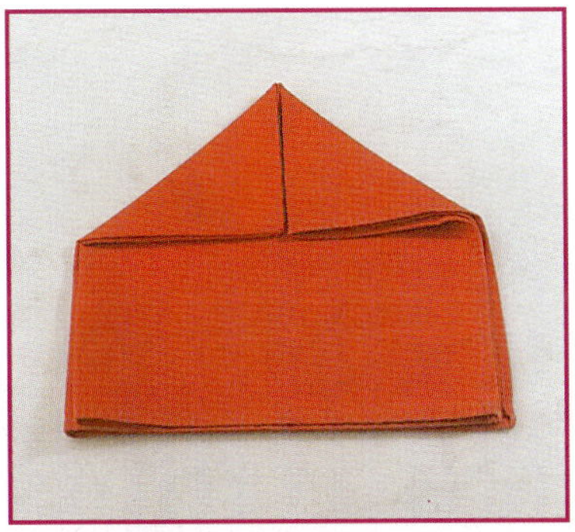

2. Klappen Sie die beiden oberen Ecken zur Mitte nach unten.

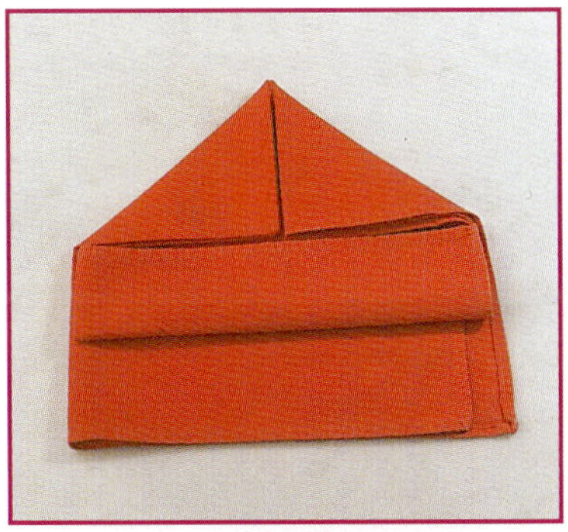

3. Falten Sie den unteren Teil zur Hälfte nach oben.

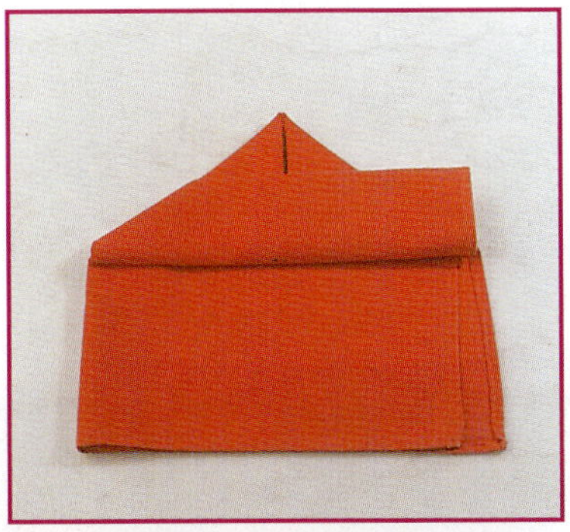

4. Klappen Sie diesen Teil über die Mitte nach oben und schlagen Sie die überstehenden Ecken nach hinten um.

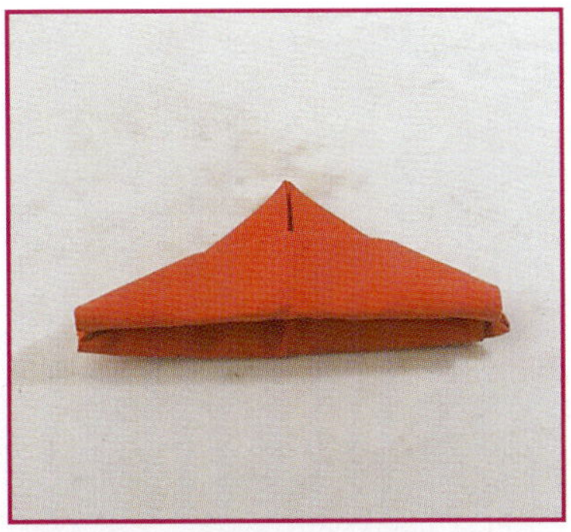

5. Wenden Sie die Serviette und wiederholen Sie die Schritte 3 und 4.

6. Greifen Sie in die Serviette, klappen Sie sie auseinander und legen Sie die unteren Spitzen aufeinander.

7. Falten Sie die untere Spitze auf die obere.

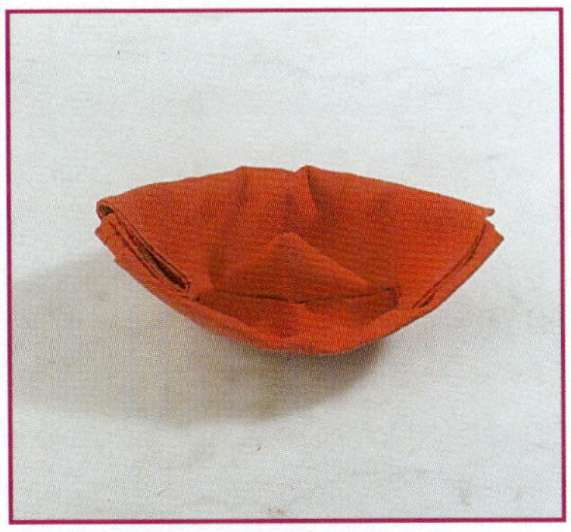

8. Wenden Sie die Serviette, wiederholen Sie Schritt 7 und ziehen Sie das Schiffchen auseinander.

Die Wundertüte

1. *Falten Sie die Serviette zur Hälfte nach rechts und zur Hälfte nach unten.*

2. *Nehmen Sie die rechte untere Ecke der obersten Stoffschicht und falten Sie sie bis auf etwa 1 cm auf die linke obere Ecke.*

3. *Wiederholen Sie Schritt 2 mit den übrigen drei Stoffschichten.*

4. *Wenden und drehen Sie die Serviette und falten Sie die linke Spitze schräg nach oben.*

5. *Klappen Sie dann die rechte Spitze schräg nach oben; die beiden Spitzen sollen überlappen.*

6. *Wenden Sie die Serviette und richten Sie die Tüte auf.*

Tip:

Sie können die Wundertüte auch mit anderen Dingen füllen, z.B. einem kleinen Spielzeug.

Der Schwarz-Weiß-Ball

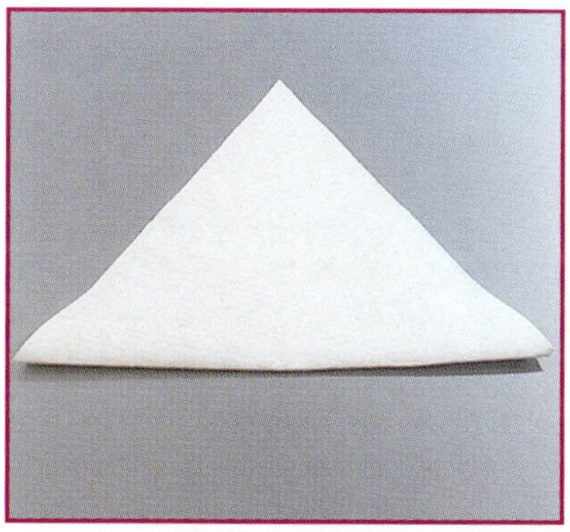

1. Falten Sie die Serviette zu einem Dreieck, so daß die lange Seite zu Ihnen zeigt.

2. Klappen Sie die obere Spitze der oberen Stoffschicht zu ca. zwei Dritteln nach unten.

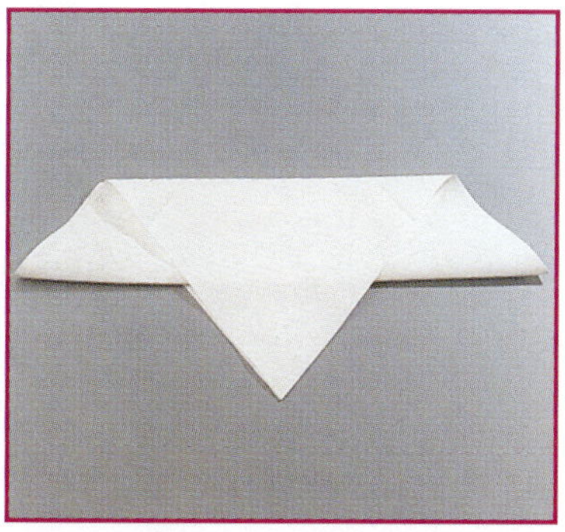

3. Wenden Sie die Serviette und wiederholen Sie Schritt 2.

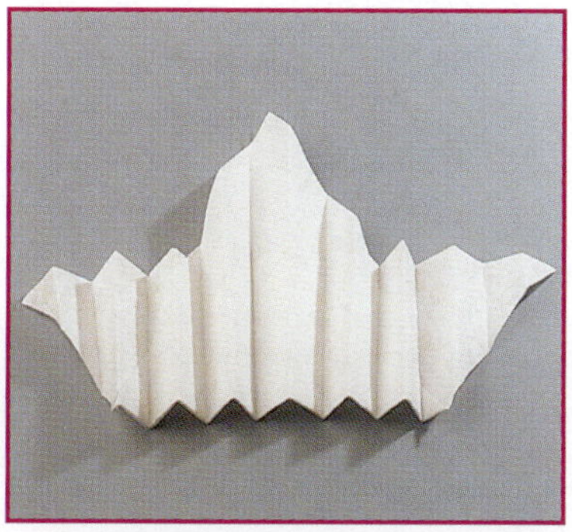

4. Falten Sie von der linken und der rechten Seite aus eine Ziehharmonika.

5. Binden Sie das untere Ende der Serviette zusammen, fächern Sie die Serviette auf und ziehen Sie die obere Spitze der oberen Stoffschicht vorsichtig nach unten.

6. Die Schablone finden Sie auf Seite 127.

Das Hütchen

1. Falten Sie die Serviette zur Hälfte nach rechts und zur Hälfte nach unten.

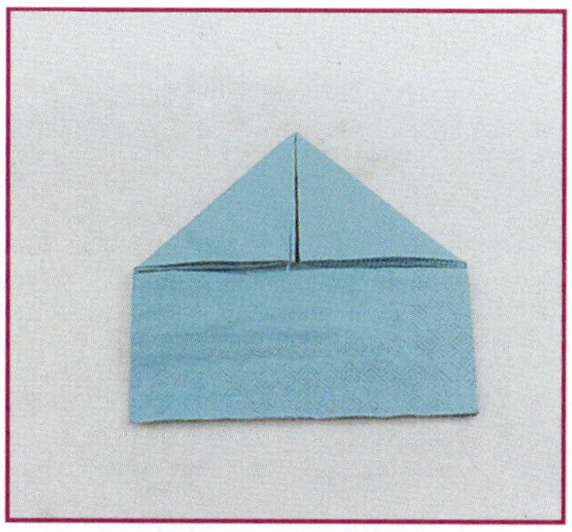

2. Klappen Sie die oberen Ecken zur Mitte nach unten.

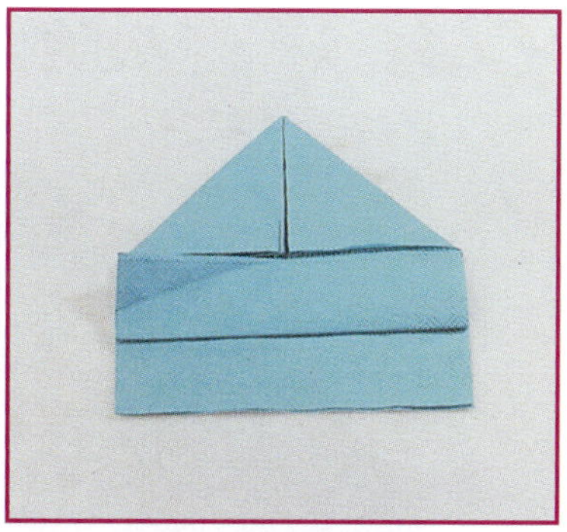

3. Falten Sie den unteren Teil zur Hälfte nach oben.

4. Klappen Sie diesen Teil über die Mitte nach oben.

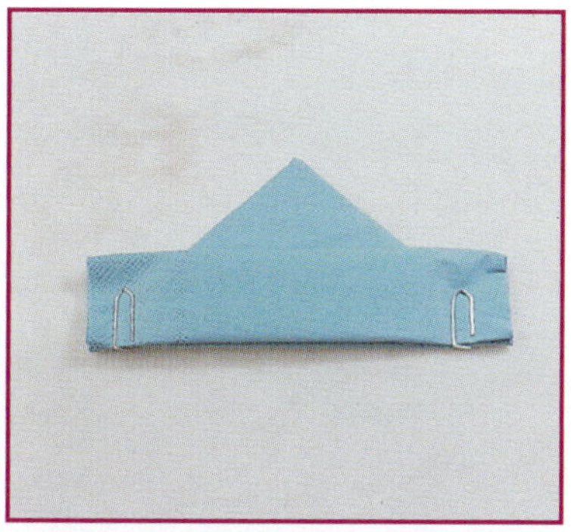

5. Wenden Sie die Serviette, wiederholen Sie die Schritte 3 und 4 und Ihr Hütchen ist fertig.

6. Stellen Sie anhand der Schablone (siehe Seite 127) das Clownsgesicht aus weißem Tonpapier her.

Das Gespenst

1. *Sie benötigen eine weiße Serviette, einen Lutscher und Eßschnüre.*

2. *Legen Sie den Lutscher in die Mitte der Serviette, fassen Sie diese zusammen und binden Sie die Eßschnüre darum.*

Die Fledermaus

1. *Sie benötigen Moosgummi, Reste von Tonpapier und Kulleraugen.*

2. *Stellen Sie anhand der Schablone (siehe Seite 128) die Fledermaus her und falten Sie die Serviette zur Ziehharmonika.*

3. *Stecken Sie die Serviette durch die vorgesehenen Löcher der Fledermaus.*

Das Knallbonbon

1. *Sie benötigen Kreppapier, Silberpapier, Schleifen und eine Papprolle.*

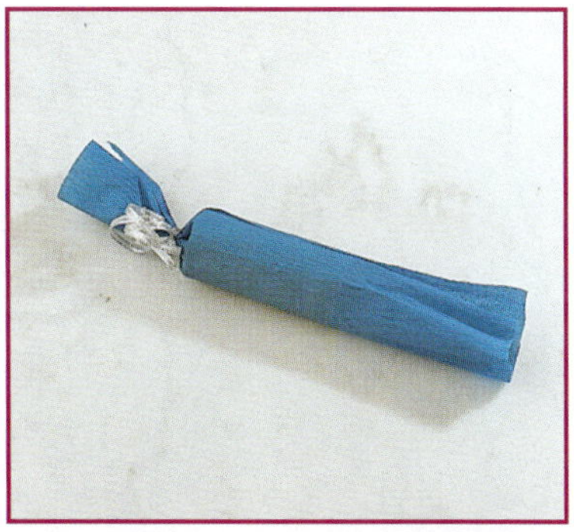

2. *Kleben Sie das Kreppapier um die Rolle und binden Sie die Seiten mit der Schleife zu. Füllen Sie evtl. eine kleine Überraschung hinein.*

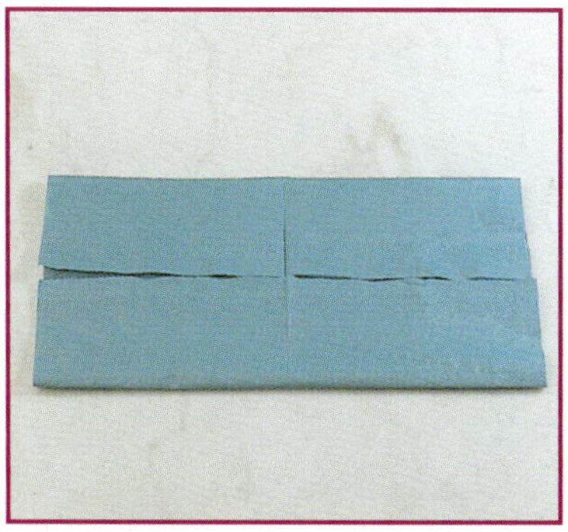

3. *Falten Sie den unteren Teil der Serviette zur Hälfte nach oben und den oberen Teil zur Hälfte nach unten.*

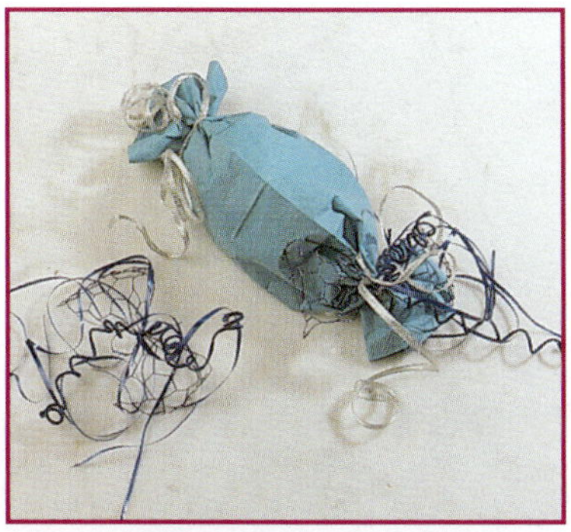

4. *Wenden Sie die Serviette und binden Sie sie wie ein Bonbon zusammen.*

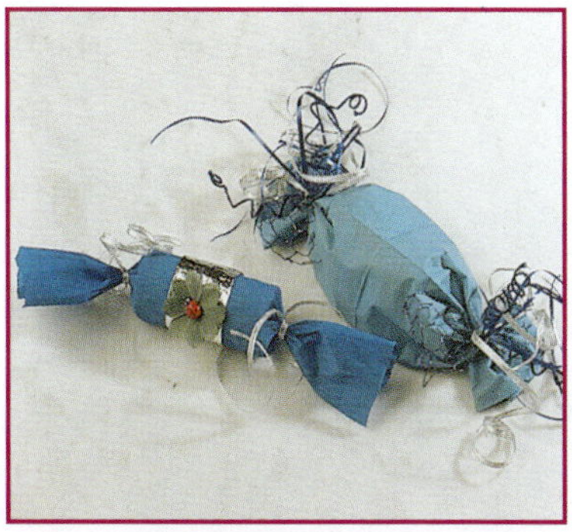

5. *Dekorieren Sie das Knallbonbon noch mit etwas Silberpapier.*

BAIRRADA

Die Schultüte

1. Falten Sie die Serviette zur Hälfte nach unten.

2. Klappen Sie die linke untere Ecke zur Mitte nach oben.

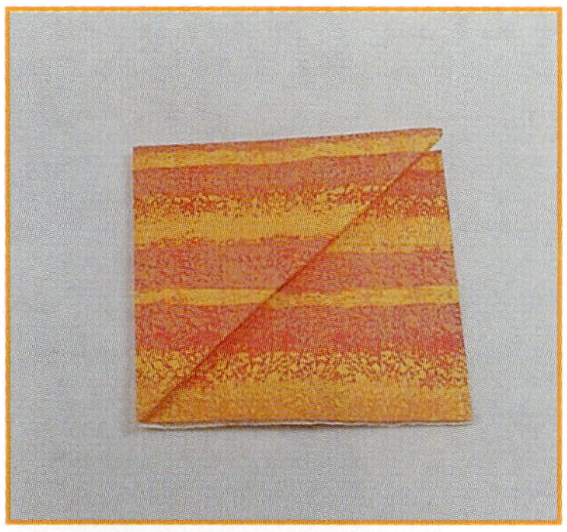

3. Falten Sie die linke obere Spitze auf die rechte obere Ecke.

4. Legen Sie die linke obere Ecke auf die rechte untere.

5. Krempeln Sie nun noch den Rand nach außen und Ihre Schultüte ist fertig.

Viel Glück

1. Legen Sie die Serviette mit der linken Seite nach oben vor sich.

2. Falten Sie die vier Ecken zur Mitte.

3. Falten Sie erneut die vier Ecken zur Mitte.

4. Wenden Sie die Serviette und wiederholen Sie Schritt 2.

5. Halten Sie die Serviette in der Mitte fest, ziehen Sie die vier Zipfel von der Unterseite heraus und Ihr Kleeblatt ist fertig.

Das Richtfest

1. *Falten Sie die Serviette zur Hälfte nach rechts, zur Hälfte nach unten und dann noch mal nach unten.*

2. *Klappen Sie die linke untere Ecke der oberen Stoffschicht zur Mitte und wieder zurück, so daß das entstandene Dreieck nach innen klappt.*

3. *Wiederholen Sie Schritt 2 aber ohne den gefalteten Teil zurückzuklappen.*

Zum bestandenen Führerschein

1. *Sie benötigen Tonpapier in verschiedenen Farben.*

2. *Stellen Sie anhand der Schablone (siehe Seite 129) das Auto und die Räder her.*

3. *Kleben Sie das Auto an der Unterseite zusammen und ergänzen Sie die Räder.*

Das Fischessen

1. *Um einen Keramikserviettenring selbst herzustellen benötigen Sie eine geeignete Gießmasse und die Gießform.*

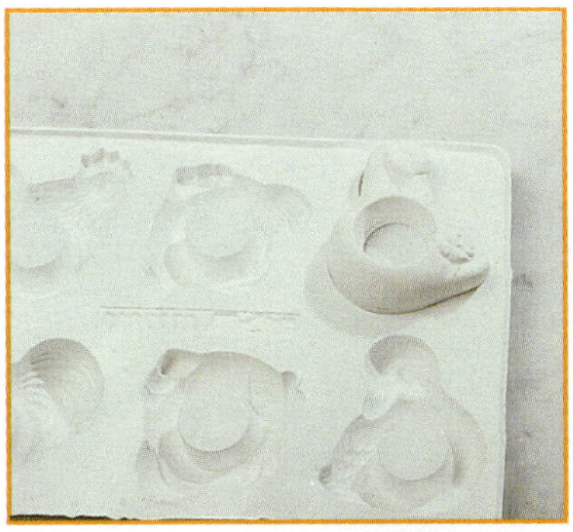

2. *Sie verarbeiten die Masse, wie es auf der jeweiligen Packung angegeben ist.*

3. *Lösen Sie den Ring aus der Form und bearbeiten Sie Unebenheiten mit einem scharfen Messer.*

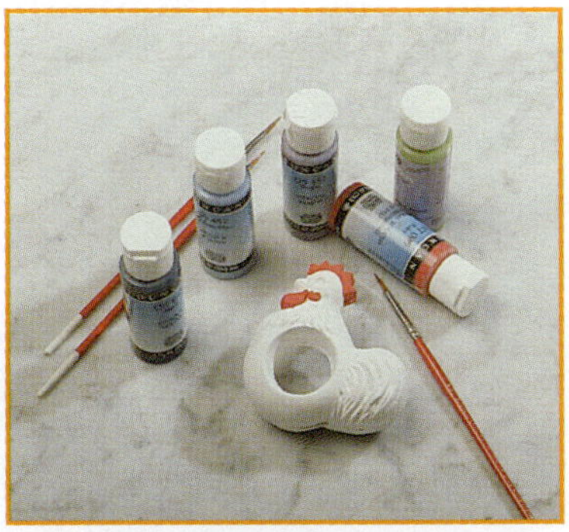

4. *Zum bemalen benötigen Sie Keramikfarben.*

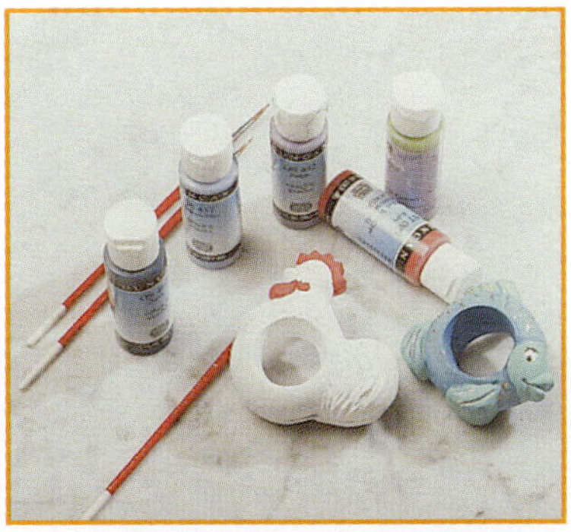

5. *Wenn Ihr Serviettenring fertig ist, können Sie ihn noch lackieren, damit die Farben geschützt sind.*

Schiff ahoi

1. ***Falten Sie die Serviette zur Hälfte nach rechts und zur Hälfte nach unten.***

2. ***Klappen Sie die rechte obere Ecke nach links unten.***

3. ***Falten Sie die untere Kante schräg nach oben.***

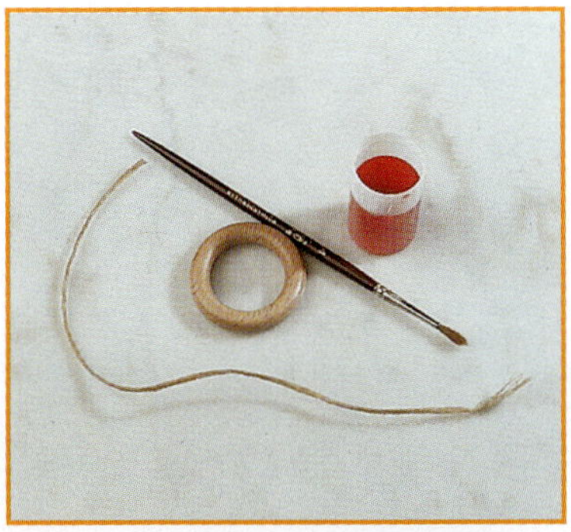

4. ***Für den Rettungsring benötigen Sie einen Holzgardienenring, Packband und Farben.***

5. ***Bemalen Sie den Ring und kleben Sie das Band darum.***

Das Spargelessen

1. *Falten Sie den oberen und den unteren Teil der Serviette zur Mitte.*

2. *Klappen Sie die vier innen liegenden Ecken schräg nach außen.*

3. *Rollen Sie die Serviette von der rechten Seite aus bis zur Mitte auf.*

4. *Wiederholen Sie Schritt 3 von der linken Seite aus.*

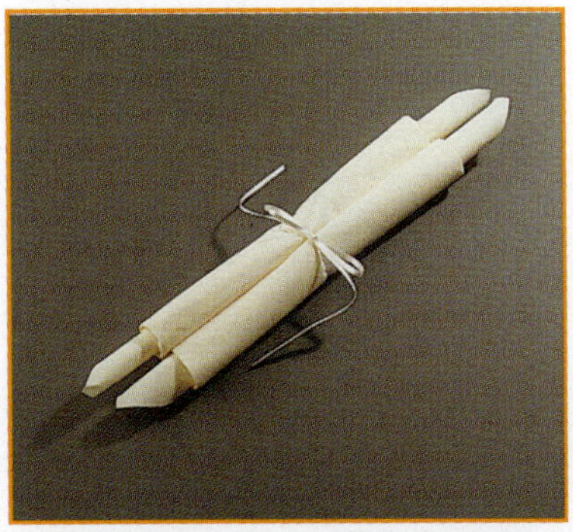

5. *Binden Sie die Serviette mit einer dünnen Schleife zusammen, und Ihr Spargel ist fertig.*

Die Rübe

1. Falten Sie die Serviette zur Hälfte nach rechts und zur Hälfte nach oben

2. Klappen Sie die untere Kante schräg zur Mitte nach oben, die linke Kante schräg zur Mitte nach unten und die rechte obere Ecke nach links unten.

3. Drehen Sie die Serviette, raffen Sie sie am oberen Ende zusammen und versehen Sie sie mit einer Schleife.

Die Frühlingszwiebel

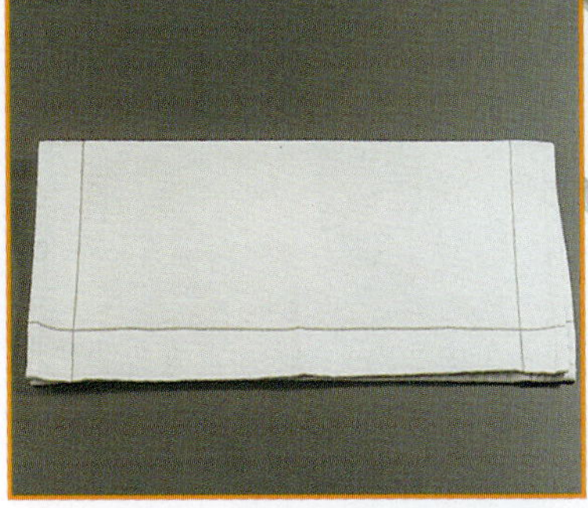

1. *Falten Sie die Serviette zur Hälfte nach unten.*

2. *Rollen Sie die Serviette von der Seite aus großzügig ein.*

3. *Versehen Sie das Ganze mit frischen Frühlingszwiebeln und einer Schleife.*

Bayerisch „Brez´n“

1. Legen Sie die blaue Serviette ausgebreitet vor sich hin und legen Sie eine zur Hälfte gefaltete weiße Serviette in deren Mitte.

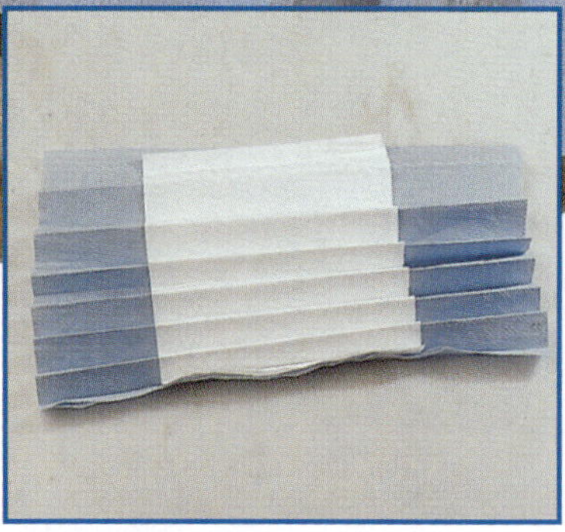

2. Falten Sie nun von unten ausgehend eine Ziehharmonika.

3. Stecken Sie die Serviette durch eine Breze, binden Sie evtl. noch eine Schleife darum und Ihre Dekoration ist fertig.

Bayerisch „Wandern"

1. *Knoten Sie zwei diagonal gegenüberliegende Ecken der Serviette zusammen.*

2. *Befüllen Sie die Serviette mit einer Brotzeit.*

3. *Knoten Sie die Serviette mit den beiden übrigen Ecken an einen Stock und Ihr Wandersäckchen ist fertig.*

Französisch

1. Falten Sie die obere Hälfte der Serviette nach unten und den unteren Teil zu einem Viertel nach oben.

2. Klappen Sie den unteren Teil etwas über die Mitte nach oben.

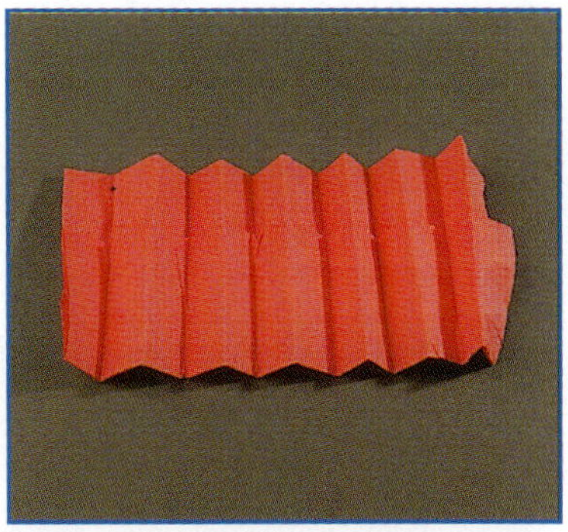

3. Falten Sie von der Seite aus eine Ziehharmonika.

4. Nehmen Sie die Serviette in die Hand und ziehen Sie die innen liegenden Ecken der unteren Lage nach unten.

5. Klappen Sie die äußeren Ecken der oberen Lage nach hinten.

6. Binden Sie das untere Ende mit einer Schleife zusammen und der Fächer ist fertig.

Italienisch „Nudeln“

1. Falten Sie je eine weiße, rote, und grüne Serviette zur Ziehharmonika.

2. Für die Nudelschleife benötigen Sie italienische Nudeln und Naturbast.

3. Binden Sie die Serviette mit der Nudelschleife zusammen.

Italienisch „Tomaten“

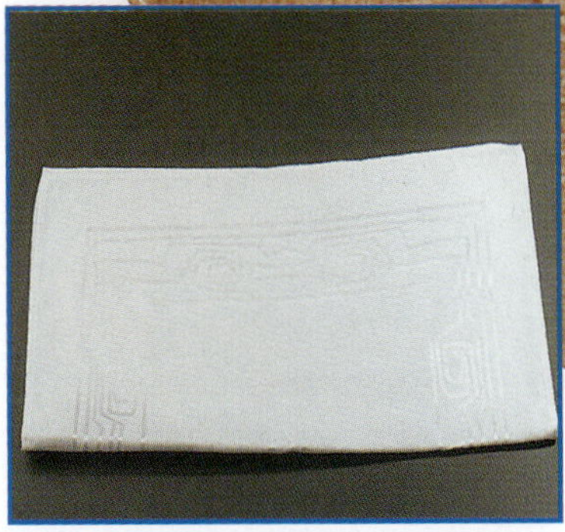

1. *Falten Sie die Serviette zur Hälfte nach oben.*

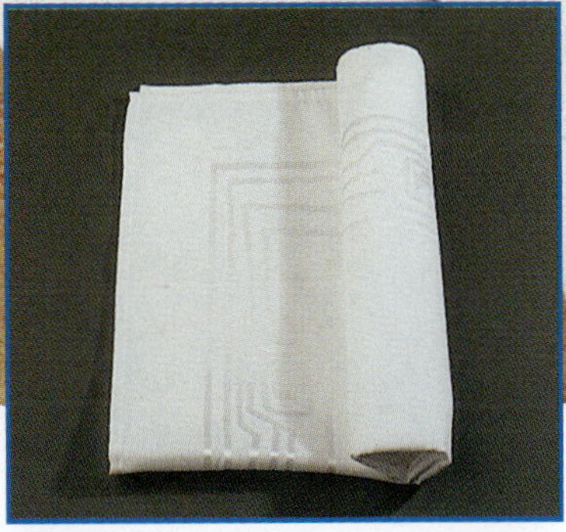

2. *Rollen Sie die Serviette von der Seite aus ein.*

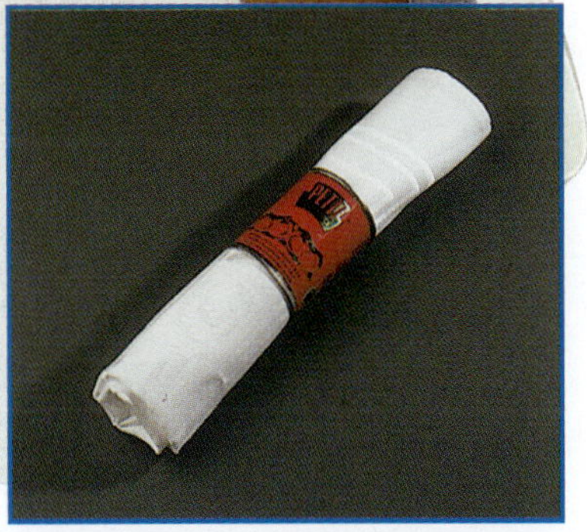

3. *Ziehen Sie die Serviette durch die an beiden Seiten offene Dose.*

Mexikanisch

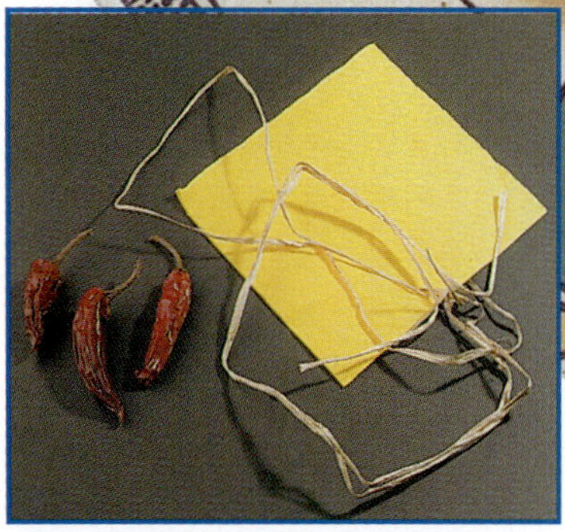

1. *Um diese Dekoration selbst herzustellen benötigen Sie neben der Serviette Naturbast und getrocknete Chilischoten.*

2. *Fädeln Sie die Schoten auf den Bast, machen Sie eine Schlaufe, durch die Sie die Serviette stecken können und verzieren Sie das Ganze mit einer Schleife. Die Serviette falten Sie zur Hälfte.*

3. *Basteln Sie das Namensschild anhand der Schablone auf Seite 130 aus Wellpappe und dekorieren Sie alles auf dem Teller.*

Spanisch

1. Falten Sie den unteren Teil zu einem Drittel nach oben.

2. Legen Sie eine zur Hälfte gefaltete gelbe Serviette hinein.

3. Falten Sie von der Seite aus eine Ziehharmonika und versehen Sie den Fächer mit einer Schleife.

Asiatisch

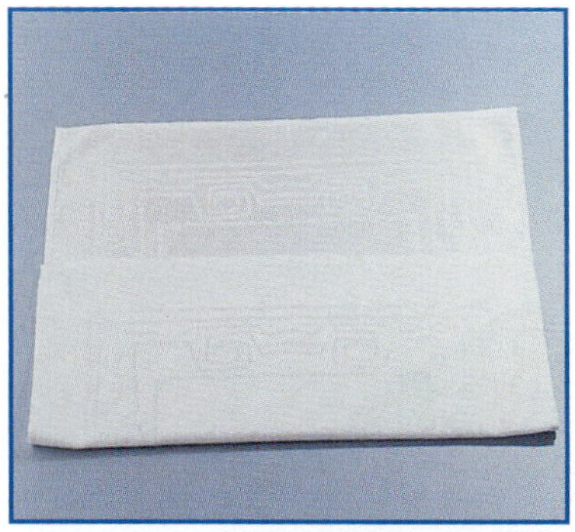

***1.** Falten Sie den unteren Teil der Serviette zu einem Drittel nach oben.*

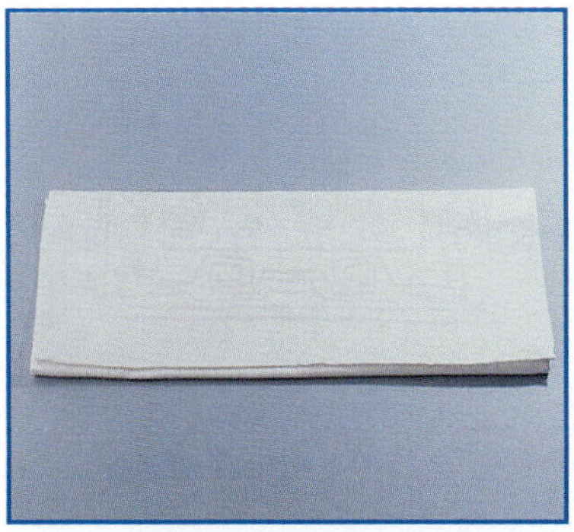

***2.** Klappen Sie dann den oberen Teil zu einem Drittel nach unten.*

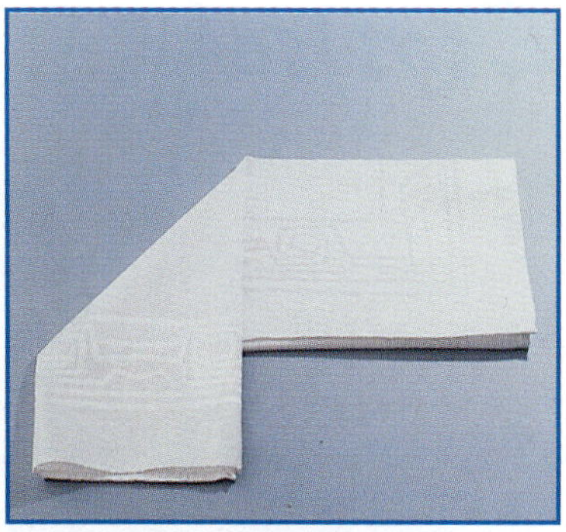

***3.** Falten Sie die linke Hälfte nach unten.*

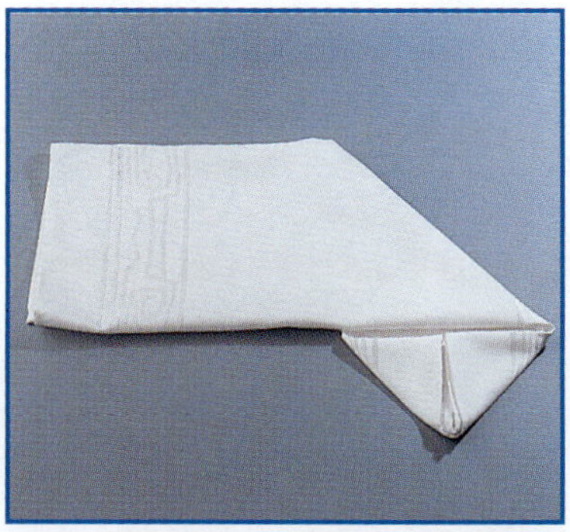

***4.** Wenden Sie die Serviette und klappen Sie die beiden unteren Ecken nach oben.*

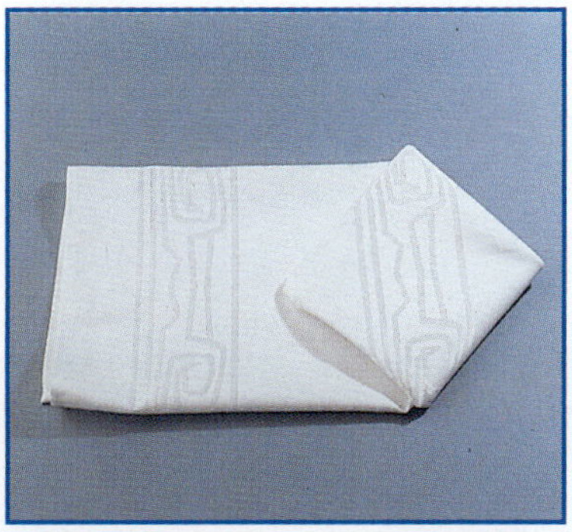

***5.** Falten Sie den unteren Teil schräg nach links oben.*

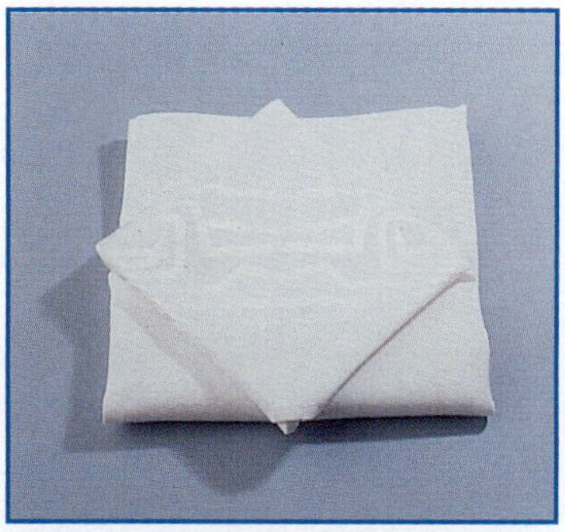

***6.** Klappen Sie nun noch den linken Teil nach hinten und Ihre Serviette ist fertig.*

Exotisch

1. *Falten Sie die beiden obere Ecken nach unten zur Mitte.*

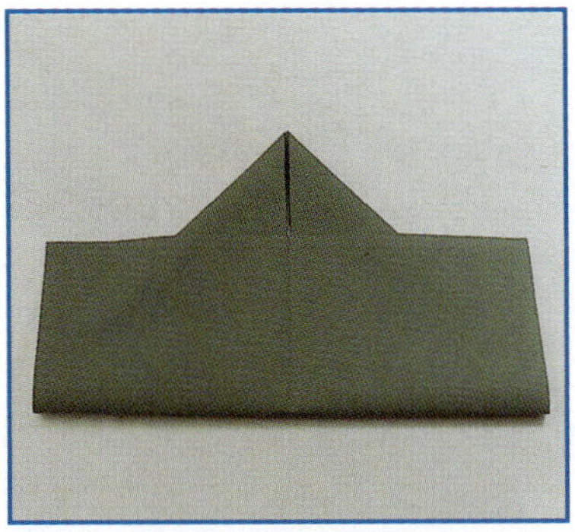

2. *Klappen Sie den unteren Teil zu zwei Dritteln nach oben.*

3. *Falten Sie die Serviette von der linken Seite aus zu einer Ziehharmonika.*

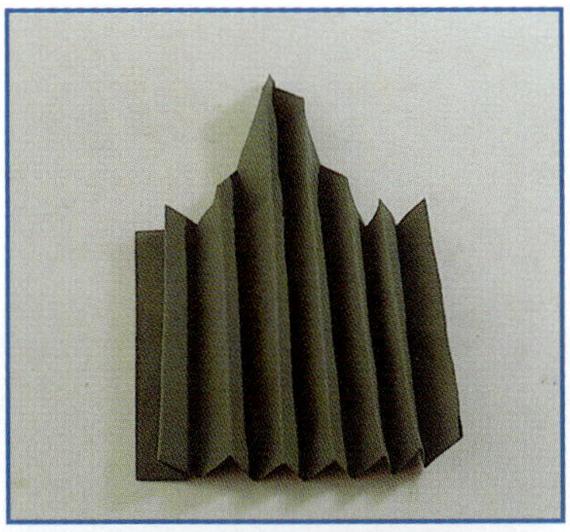

4. *Falten Sie die Serviette von der rechten Seite aus zu einer Ziehharmonika.*

5. *Binden Sie das untere Ende mit einer Schleife zusammen und Ihre Serviette ist fertig.*

Die Rose

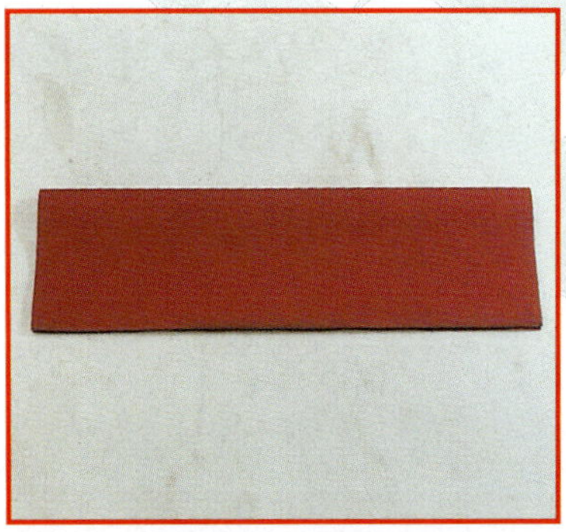

1. *Falten Sie die Serviette zur Hälfte und dann nochmal zur Hälfte.*

2. *Raffen Sie die Serviette von der linken Seite aus, indem Sie sie drehen.*

3. *Binden Sie die Rose mit einer Schleife zusammen.*

Die Lilie

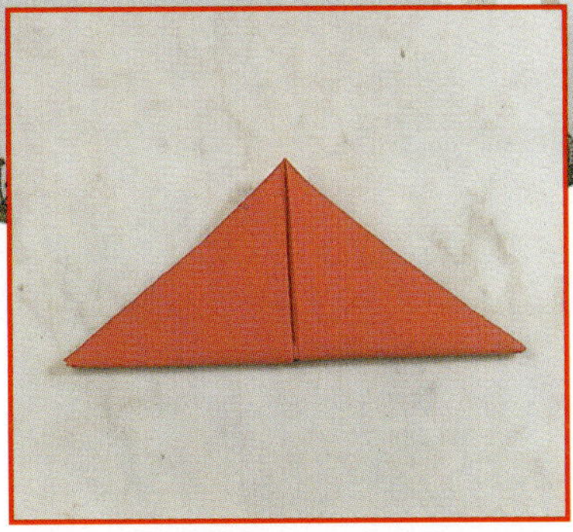

1. *Falten Sie die Serviette zu einem Dreieck und klappen Sie die unteren Spitzen zur Mitte nach oben*

2. *Wenden Sie die Serviette und falten Sie die untere Spitze auf die obere.*

3. *Wenden Sie die Serviette erneut, stecken Sie die unteren Spitzen auf der Rückseite ineinander und ziehen Sie die oberen Spitzen nach unten.*

Die Blumentüte

1. ***Falten Sie die Serviette zur Hälfte nach unten.***

2. ***Rollen Sie die untere Kante schräg zur Mitte ein.***

3. ***Wiederholen Sie dies mit der anderen Seite und binden Sie eine Schleife um Ihre Blumentüte.***

Das fliegende Herz

1. *Falten Sie die Serviette diagonal zur Ziehharmonika.*

2. *Stellen Sie anhand der Schablone (siehe Seite 131) aus Moosgummi das Herz her.*

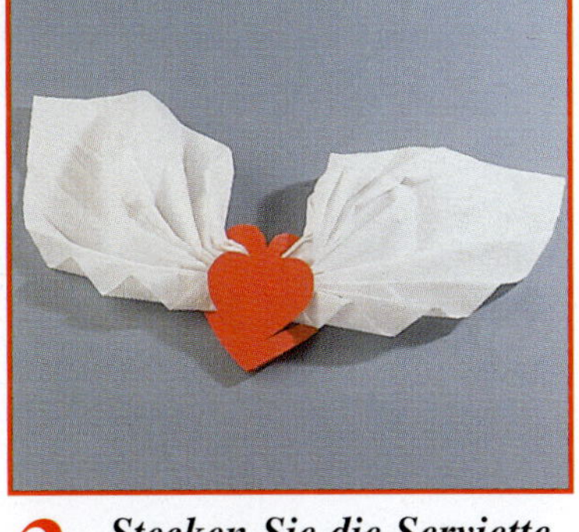

3. *Stecken Sie die Serviette durch das Herz und zupfen Sie diese zurecht.*

Der Kußmund

1. *Falten Sie die vier Ecken zur Mitte.*

2. *Klappen Sie die inneren Ecken zur Hälfte nach innen.*

3. *Wenden Sie die Serviette und falten Sie die linke obere und die rechte untere Ecke zur Mitte.*

4. *Falten Sie alle Kanten von den oberen Ecken ausgehend schräg zur Mitte.*

5. *Wenden Sie die Serviette erneut und klappen Sie die beiden Spitzen zur Mitte.*

6. *Falten Sie die Serviette zur Hälfte nach oben.*

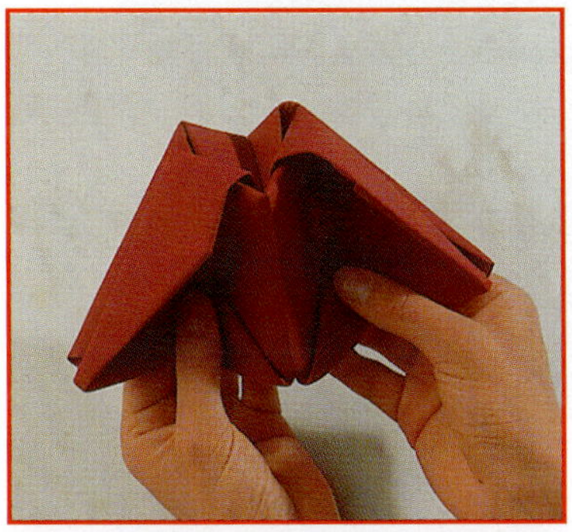

7. *Schieben Sie die unteren Kanten aufeinander zu.*

Die Pralinenschachtel

1. *Falten Sie die Serviette zur Hälfte nach unten und klappen Sie die rechte obere Ecke zur Mitte nach unten.*

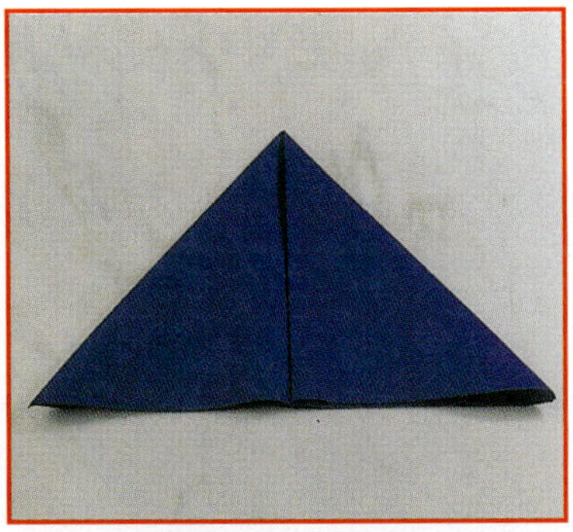

2. *Wenden Sie die Serviette und falten Sie erneut die rechte obere Ecke zur Mitte nach unten.*

3. *Fassen Sie in das Dreieck und klappen Sie die Serviette zu einem Quadrat um.*

4. *Falten Sie die geöffneten Kanten der oberen Stoffschichten zur Mittellinie.*

5. *Ziehen Sie auf beiden Seiten die Kante der oberen Stoffschicht nach außen und formen Sie das entstehende Dreieck aus.*

6. *Klappen Sie davon die Hälfte nach hinten.*

7. *Wenden Sie die Serviette und wiederholen Sie die Schritte 4 bis 6.*

8. *Falten Sie die untere Spitze nach oben; wiederholen Sie das mit den übrigen drei Spitzen indem Sie die Seiten »umblättern«.*

9. *Ziehen Sie die Schachtel vorsichtig auseinander, indem Sie unten hineinfassen.*

Dinner for two

1. *Klappen Sie die Serviette zur Hälfte nach rechts.*

2. *Falten Sie die obere Ecken zur Mitte nach unten.*

3. *Legen Sie den unteren Teil über den oberen.*

4. *Falten Sie erneut die oberen Ecken zur Mitte nach unten.*

5. *Klappen Sie die oben aufliegende Spitze nach unten.*

6. *Falten Sie nun noch die andere Spitze bis auf ca. 1 cm nach unten und das Kuvert ist fertig.*

Tip:

Legen Sie doch einen Liebesbrief ins Kuvert.

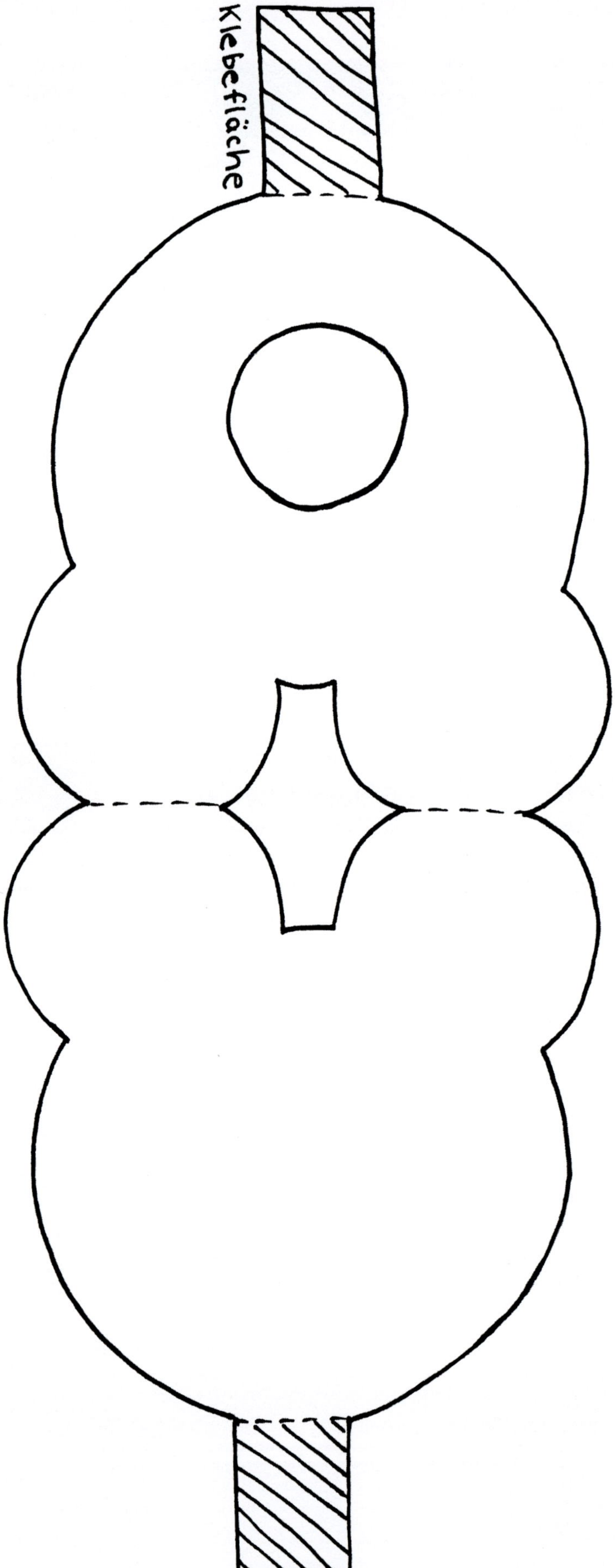
Klebefläche

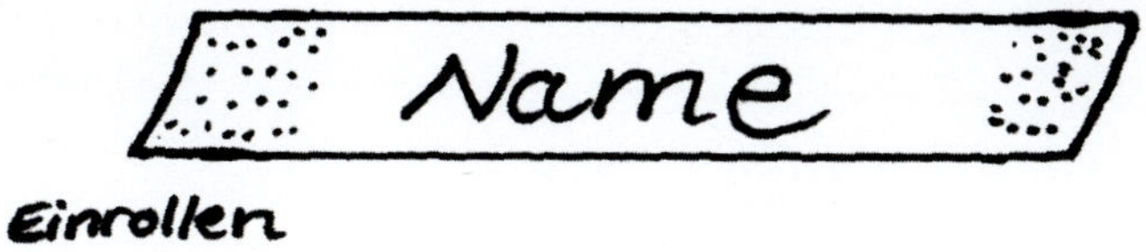
Name
Einrollen

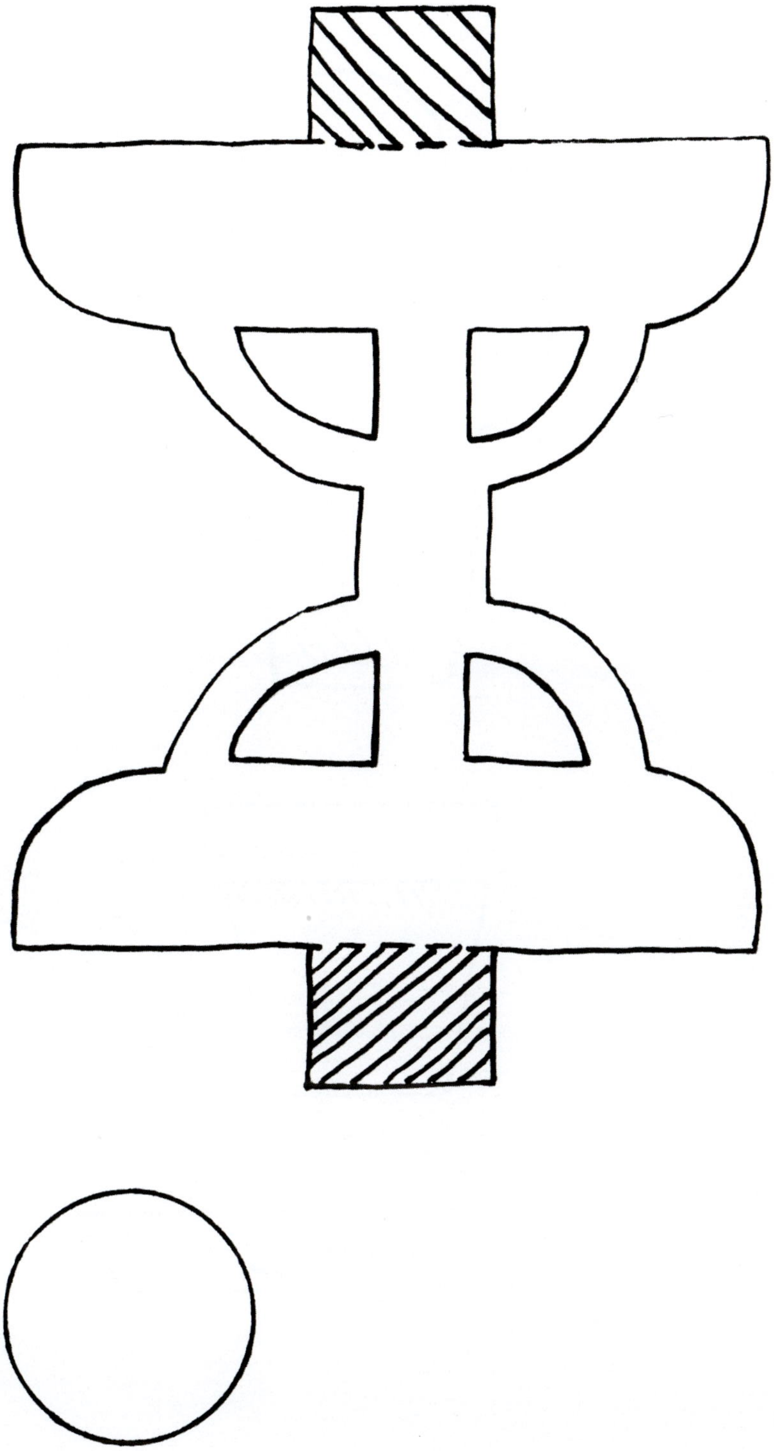

Schablone zu Seite 108

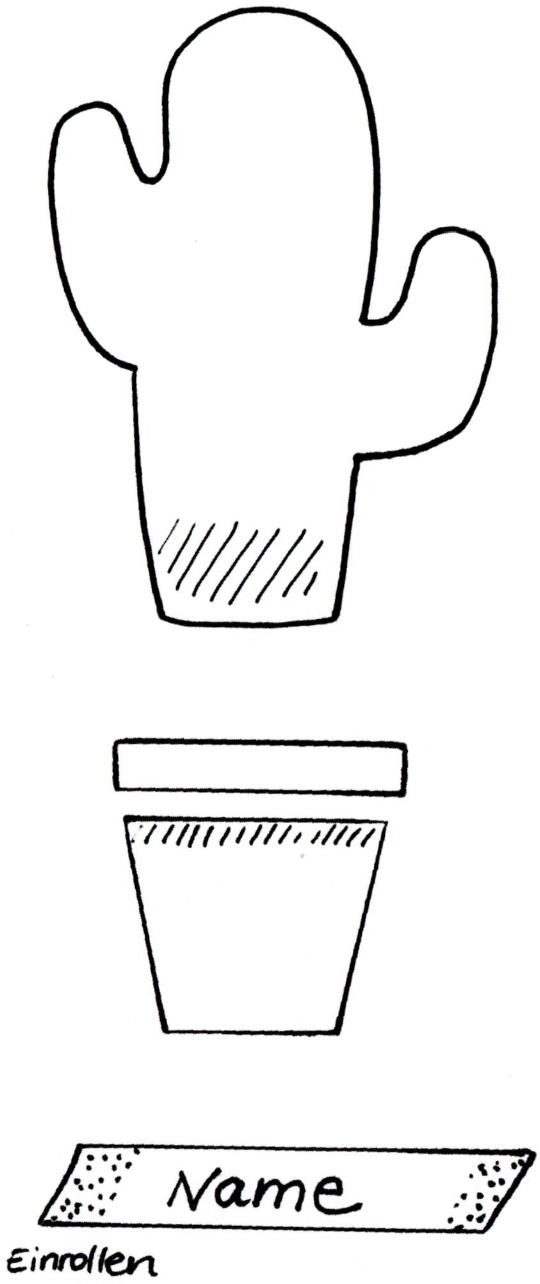

Register

Klassische Servietten für grosse Anlässe

Feste zu den Jahreszeiten

Partys

Feste feiern wie sie fallen

Länderfeste

Feste mit Herz

Wir danken folgende Firmen für Ihre freundliche Unterstützung

Duni	12/13, 46/47
Königliche Porzellan Manufaktur, Berlin	114/115
Walküre, Bayreuth	84/85
Winterling AG	8/9, 10/11
WMF	14/15

Reichelsheim-Beerfurth, 2003

Idee und Text: Sandra Bejach
Stylistin: Edith Bößl

ISBN 3-89736-201-5